KB203424

나뭇잎
나라
운동회

나뭇잎
나라
운동회

제주아동문학협회 엮음

제주아동
문학협회
제38집

한그루

아이들의 꿈과
미래를 응원하며

제주아동문학협회장 **김정애**

아이들에 대한 사랑과 열정을 모아 제주아동문학협회를 창
립한 후 참 많은 세월이 흘렀습니다. 그동안 꽤 많은 활동을 해
왔습니다. 해마다 작품집을 발간하였고, 찾아가는 아동문학교
실을 열어 어린이들에게 글의 씨앗을 심거나 글의 맛을 알게

하는 일에 힘썼습니다. 그리고 올해도 어김없이 도내외에서 활
발하게 활동하는 회원들의 작품을 모아 서른여덟 번째 연간집
을 발간하였습니다.

동화와 동시를 쓰는 마음은 아이들을 향한 사랑입니다.

아이들의 꿈과 미래를 응원하는 마음, 긍정적으로 생각하고
바르게 성장하기를 바라는 마음을 동시와 동화라는 그릇 속에
담았습니다.

책 속에는 읽는 재미와 감동이 있습니다. 꿈이 있고 희망이
있고 삶의 지혜가 녹아있습니다. 상상력과 창의력을 키우는 무
한한 힘도 들어있습니다. 그런가 하면 때때로 글 속에서 위로
를 받기도 합니다. 책이 마음의 눈이 밝은 사람에게 주는 선물
과 같은 것이지요.

이 작은 책 한 권에도 그러한 것들이 숨어있을 것입니다. 어
린이에게는 풍부한 정서를, 어른에게는 동심을 일깨워 줄 무언
가가 분명히 있을 것입니다. 가족과 함께 읽으면서 숨은 그림
을 찾듯 책이 주는 선물을 찾아보기 바랍니다.

목
차

1984년 제1회 『아동문예』 신인문학상 동시 당선으로 등단.
『날개의 꿈』 외 5권의 동시집과 『소라의 집』 외 4권의 동시조집이 있음.
1993년 제3회 제주시조백일장 장원, 2006년 제10회 『나래시조』 신인상 당선 후
『갈무리하는 하루』, 『내 안의 가정법』 등 시조집을 펴냄.
제30회 한국동시 문학상, 제9회 제주문학상, 제2회 새싹시조문학상을 받음.
2009 개정교과서 국어 4학년 1학기에 「이상 없음」 동시가 실림.
제주아동문학협회장, 제주시조시인협회장 역임.

그리운
반딧불이

외 4편

김영기

그리운 반딧불이

우리 집 지켜주는
인터폰 위 반딧불이

"여기를 눌러 주세요."
파란 불만 반짝반짝

얼마나 날고 싶을까!
도와주고 싶어요.

까막눈 얌체

올림픽 조형물*에
올라가지 마세요.
그래도 마구 노니
철책을 쳤지 뭐야!

까막눈 비둘기 떼만
꼭대기에 놀아요.

*올림픽 조형물: 제주시 신산공원에 설치해 놓은 88올림픽 기념 조형물임.

나 죽겠네!

나보고 살찐다며
"좀 그만 먹어라!"

종량제 봉투에는
더 못 먹어 안달복달

"나 살려, 배 터져 죽네!"
비명소리 들린다.

참새별꽃

풀밭에 송송송송
무리 지어 피었구나.
후르르 참새 떼가
날아와 같이 노네!
개와는 놀지도 않는데
개불알꽃이란다.

하늘의 별과 같이
앙증맞아 귀여운데
네 이름 개불알꽃,
내 기분도 별로야.
참새와 벗해서 노니
'참새별꽃' 해줄게.

매미들의 열대야

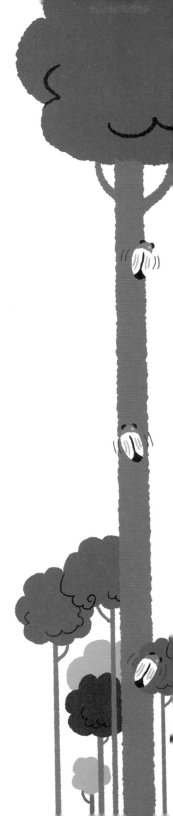

열대야
식히려고
찾아간 신산공원
때아닌 매미들의
노랫소리 들린다.

"너희는
합창 연습을
공원에서 하는 거니?"

'맴맴맴'
'쓰스스스'
모두 달리 부른다.
참매미 알토에
털매미 소프라노

"길 가는
반디를 불러
반짝이면 어떨까?"

2012년 나라사랑 문예공모 일반부 시 대상.
2013년 7월『아동문예』문학상 동시조 부문 당선.

똑같아

외 3편

김옥자

똑같아

컴퓨터도 휴대폰도 다 고장 나면 버려요.
고치는 것보다 사는 게 싸다는 울 엄마
아빠도 새것만 좋아해, 울 엄마랑 똑같아.

할머니 집에 가면 모든 게 고물단지
냉장고 텔레비전 고장 나면 고쳐 써요.
정들어 버릴 수 없대요, 할아버지도 똑같아.

엄마의 차 한 잔에

엄마의 차 한 잔에 마른 목 축이고
헝클어진 하루 일과 바르게 정리하면
새 힘이 충전되는 듯 정신이 맑아져요.

이것 해라 저것 해라 시키지 않아도
그윽한 눈빛으로 찻물같이 스며들어
어머니 따뜻한 사랑이 내 핏줄에 흘러요.

무지개의 꿈

내 몸엔 무지갯빛 꿈의 피가 흐르지.
붉은색 우주비행 푸른색 생물학자
수많은 무지개 꿈이 색색이 흐른다.

아빠는 꿈 하나만 단단히 꾸라지만
두 개의 꿈이 합쳐 새로운 꿈 되는 거
아무도 몰라주시니 무지개야, 들어줘.

동화를 읽으면

코끝이 찡해서 눈시울이 젖어요.
자신을 돌아보게, 이웃을 생각하게
어제와 오늘을 알고 내일을 생각해요.

배우고 깨달은 것들 느끼고 다짐한 것들
내 마음 밭에다 고이고이 심습니다.
그것이 풍성히 자라 나를 키울 겁니다.

2015년 『한국문인』 시 등단.

2019년 『아동문예』 동시조 등단.

제주특별자치도립노인요양원 원장.

구좌문학회, 한국문인회, 제주문인협회 회원.

2015년~2016년 제주시 일도2동 주민자치위원 기획분과 위원장.

『함께해요! 일도2동』 동지 편집인.

파도의
숨바꼭질

외 4편

김용덕

파도의 숨바꼭질

"차르륵~ 차아르륵~"
파도가 모래를 쌓고

"차르륵~ 차아르륵~"
모래 속 조개는 숨고

파도는
술래가 되어
숨은 조개 찾아요.

구슬치기

구슬치기 구멍은
탱크까지 다섯 구멍

책보를 내던지고
구슬치기 나선다.

오늘은
꼭 따고야 만다.
다섯 구멍 내 거다.

바람은 개구쟁이

쓸어 모은 낙엽 더미
어느새 헤쳐 놓고

내 앞길도 막는다.
먼지를 일으켜서

얄미워
짜증을 내니
꽃향기로 달래준다.

메롱~

봄볕에 졸고 있는
고양이 놀리려고

고양이 걸음으로
살금살금 다가가니

두 눈을 반짝 치키며
'메롱~' 하며 놀린다.

마라도

뱃머리
허허바다
마라도 가는 길

형제 섬
앞에 두고
가파도가 마중 와요.

유람선
위에서 보면
나도 섬이 되지요.

『대한문학』으로 시·수필 등단(2012·2010).

아동문예 동시 신인 등단 아동문학가(2016).

제주신보 「해연풍」 필진.

제주불교신문 비상임 논설위원 및 대기자.

대한문학작가회, 제주문인협회, 아동문예작가회 회원.

2015 시집 『섬 빛 오름』, 2017 동시집 『고우리』, 수필집 『들메』 1~4집(공저).

p. 34 - 38

구름 동네

외 4편

김익수

구름 동네

따라 간다.
어디로 가는 걸까.

줄줄이
따라 간다.

엄마는 아빠 따라 가고
누나는 엄마 따라 가고

누나!
우린 어디로 가는 거야.

아! 아!
우린
왕할머니가 사시는 동네로
이사 가는 거란다.

소리 감별

으앙 으앙
이 울음은
배고프다는 소리

으아앙 으아앙
이 울음은
자고 싶다는 소리

응에에 응에에
이 울음은
아프다는 소리

응에헤 응에헤
이 울음은
기저귀 갈아달라는 소리

동생의 마술사 울음소리
울 엄마
느낌으로 알아요.

홍매화

넌
우리 아빠 얼굴 꼭 닮았구나.

오랜만에 만난 벗들
몇 번 돌았을까
대폿잔

금세
빨개진 아빠 얼굴엔
홍매화가 피었어요.

누가 먼저 올까

꽃 위에

누가 먼저 올까.

벌이 오지.

아니야.

그럼 나비가 오지.

아니야.

봄이 먼저야.

거울 속의 내 달

아침
저녁
거울엔
달이 떠 있어요.

얼굴은 둥근 달
귀는 반달
입술은 초승달

거울을 볼 때마다
조금씩
조금씩
달이
살쪄가는 것 같아요.

2016년『아동문예』문학상 동시 당선.
동시집『콩벌레』.
삼의문학상 수상.
제주MBC 여성백일장 수상.
여성신문 백일장 우수상 수상.

숲길 걷기

외 4편

김정련

숲길 걷기

숲길을 걷다가
만난 같은 반 아이

'바이바이' 하고
내가 앞섰는데

쉼터에서 쉬다보니
그 아이가
'바이바이' 하며 지나가요.

앞섰다가 처졌다가
처졌다가 앞섰다가
나란히 도착했지요.

이럴 줄 알았으면
처음 만났을 때
나란히 올 것을

도란도란
애기하며 올 것을

쪽파

쨍쨍 내리쬐는
한여름 더위를 쫓으며

한 알 한 알 심은
쪽파 씨앗

뾰족뾰족
새싹이 나왔는데

태풍이 새싹들을
때리고 지나갔어요.

해님이 쨍하고 솟았지만
엄마 아빠 눈이
쏘옥 들어갔어요.

새싹 잃은
쪽파처럼

찔끔

한밤중에
오줌이 마려워
화장실로
나가려다

놀다가 그냥 둔
장난감을
콱!
밟았다.

아얏!

오줌도 찔끔
눈물도 찔끔.

나뭇잎 나라 운동회

가을 어느 날
나뭇잎 나라에
운동회 열렸어요.

바람 타고 날아가기 선수들
색깔 옷 입고 준비해요.

바람을 잘못 고르면
엉뚱한 곳으로 간다며
주의사항을 듣는데
호기심 많은 선수
팽그르르 뛰어내려요.

그걸 본 나뭇잎들
우르르 뛰어내려
1등을 가리기 어려운
나뭇잎 나라 운동회

겁쟁이 녀석은
아직도 매달려
버둥대고 있네요.

뽁뽁이

장난감 주문했더니
장난감 감싸고 온
뽁뽁이

장난감보다 먼저
장난감 되었다.

꾹
꾹
손으로 눌렀더니

포도 알맹이처럼
톡
톡
터진다.

2008년 『아동문예』 문학상 수상.

2012년 동시집 『오줌폭탄』.

2014년 『시인정신』 문학상 수상.

2017년 동시집 『할망네 우영팟듸 자파리』 세종도서 문학나눔 도서 선정.

2018년 동시 그림책 『청청 거러지라 둠비둠비 거러지라』.

2019년 한국지역출판대상 천인독자상 공로상 수상.

김정희 문학놀이아트센터 / 한라산문학 동인.

p. 49 - 54

팽나무 위에
고래가 날다

외 4편

김정희

팽나무 위에 고래가 날다

우리 동네 팽나무 하나 서 있죠.
가로등 하나 밤마다 친구가 되어 주죠.

비 오는 날
살금살금
고래 한 마리
물결 헤치며 팽나무 위로
헤엄쳐 왔죠.

비는 고래 등을 적시며
잘 왔다
할머니 손길로
쓸어주었죠.

노란 리본을 단
팽나무 우리 동네 전설처럼
오래오래
오늘밤 꿈을
도닥도닥
아이들에게 전해주겠죠.

꽃 배달

꽃눈 내리고
학교에 내리고
아이들 머리에 내리고
뛰노는 봄 운동장에
급식실 가는 길에
쓰레기 더미 위에
주차장에
세워진 차 위에
꽃눈 내리네
쌓이네
벚꽃 아래 들렀다 가는 차
봄을 싣고 가네
꽃이 없는 계절로 배달 가네.

선물

먼지 가득 쌓인 가게에서
아무도 사가지 않는
작은 씨앗을 샀어.

나무를 심어도 좋았겠지만
난 씨앗을 심었어.

기다려 주었어.

씨앗이 문 열고
내게 선물을 주었지.

새싹이 뾰족 올라와
인사하더라.

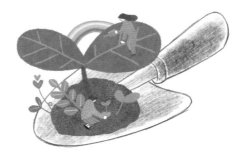

김정희 **51**

감기

할머니는 뼈가 아프다 하고
엄마는 으슬으슬 춥다 하고
누가 퍼뜨렸는지
누가 오는지
겁을 많이 준다.

대단한 놈이
분명하다.

봄이 왔다고
살랑거리며
온 동네 돌아다니다

'에~취'

감기 오젠 햄구나.

할머니
족집게처럼 집어낸다.

어른들
그동안 많은 일 겪어봐서
기침 한번에
누군지
뭐 하는 놈인지
단번에 알아맞힌다.

새똥 비

비 오는 소리
똥똥똥
새똥 떨어지는 소리
난 새똥을 맞는다.

훌쩍훌쩍
감기 걸린 녀석
창문에 붙어서 쳐다본다.
떼어버리고 싶다.

비가
조록조록
우산에 온다.
파도처럼 덮친다.
우산이 작다.

1997년 『아동문예』로 등단.
제18회 눈높이 아동문학상 수상.
동시집 『바다가 팅겨낸 해님』, 『말처럼 달리고 싶은 양말』.
2015 개정 교육과정 국어교과서에 동시 「벽부수기」 수록.

너무 닮았다

외 4편

박희순

너무 닮았다

책가방을 메고 가는 일학년 준이랑
집을 지고 가는 달팽이가 서로 닮았다.

– 집을 지고 있는데 뭐가 걱정이야?
  걷다가 쉬고, 쉬다가 걷고 숲에만 가면 그만이지.

– 책가방 메고 있는데 뭐가 걱정이야?
  가다가 쉬고, 쉬다가 가고 학교만 가면 그만이지.

느릿느릿 걷는 것도 느릿느릿 노는 것도,
기웃기웃 구경하는 것도 너무 닮았다.

길이 생겼어요

바람이 불어오자
풀잎들이 휘익 고개를 돌렸어요.

발자국 소리 들려오자
뿌리들이 쫑긋 귀를 세웠어요.

이파리야, 귀 기울여 봐. 누가 오고 있어.
풀잎들이 갸웃, 고개 돌렸어요.

풀잎들이 고개 돌린 그 자리에,
들꽃들이 귀 기울인 그 자리에,

길이
생겼어요.

그냥

'미안해'라는 말을 들으면
그냥 눈물이 나와.

'고마워'라는 말을 들으면
그냥 미소가 나와.

'좋아'라는 말을 들으면
그냥 나도 좋아.

그냥 좋은 말
따라서 말해도 기분이 좋아지는 말.

풍경

물고기 한 마리를 샀어요.
물이 없어도 사는 쇠로 된 물고기예요.

지붕 바로 아래
외줄 끝에 매달아 놓았더니

푸른 하늘 속에서
찰랑찰랑 물소리를 내며 놀아요.

하늘이
바다인 줄 아나 봐요.

가을 숲

가을이 머물기 시작한 숲
나무들이 나뭇잎을 내어줍니다.

바람에게 내어줄 자리 위해 한 움큼
햇살이 스며들 자리 위해 한 움큼

나뭇가지 가느다란 팔 위에도
우듬지 아슬아슬한 손가락 끝에도

하얀 눈이 내릴 자리 한 뼘
겨울 새 편히 쉴 자리 한 뼘씩

제 몸 비워낸 빈자리가
가을 햇살에 반짝입니다.

『시인정신』 시인 등단, 『아동문예』 문학상 동시 등단.

『제주문학』 동시 부문 신인상, 『동서커피문학상』 동시 부문 입상.

제8회 소년해양신인문학상에 구연동화작가 신인문학상 수상(제주도 1호).

시집『자작나무 카페』, 『노란 환상통』, 동시집『향나무 아파트』, 『학교가 좋아졌어요』.

곽금초 독서논술 강사, 동시 쓰기 강사, 시 쓰기 강사.

제주작가회의, 제주펜클럽 회원, 한라산시문학회 부회장,

제주아동문학협회 회원, 제주도서관새암독서회 회장, 제주어보전회 회원.

p. 65 - 72

엉또폭포

외 4편

양순진

엉또폭포

숲속에 꼭꼭 숨어 있다가
비만 오면
커다란 날개 달고
휘리릭 휘리릭
날아오는 새

비 그치면
흰 날개 접고
촤라락 촤라락
저 먼 하늘로
사라져버리는 새

오늘도 바위 뒤에
꼭꼭 숨어
하얀 새 한 마리 기다린다.

제주도

내가 서 있는 이곳에서 출발하고
해안선 따라 걷고 걷다 보면
다시 내가 서 있던 이곳에 닿게 되는
둥근 섬

얼굴 볼 간지럽히는 바람의 인사
가는 곳마다 알콩달콩 수다 떠는
돌담들이 정겹고
파도 몰고 오는 바닷냄새
꽃냄새보다 향긋해요.

저 멀리 나를 지켜보는 한라산 미소
한라산 아래 높고 낮은 오름 손짓
올레길마다 푸른 나무들의 환영
돌아오는 사람도 떠나는 사람도
웃음 가득해요.

해마다 유채꽃 매화꽃 동백꽃 만발하고

감자 마늘 귤이 익어가는 곳
할아버지 두 손에 아이들
할머니 품속에 가족들
서로 지켜주는 마을

사랑이 넘쳐요.
행복이 넘쳐요.

한라산

내가 서 있는 곳에서 바라보면
한라산은
우리 할아버지 모자 같아요.

귤 키우랴
마늘 심으랴
감자 키우랴
늘 쓰고 있는 밀짚모자

가만히 오래오래 바라보다 보면
한라산 모습은
우리 할아버지 얼굴 같아요.

수많은 계곡들과
빽빽한 나무들
사이 사이 난 좁다란 길들
세디 센 제주바람 맞으며
제주를 지켜온
할아버지 얼굴에 그려진
잔주름 무늬

한라산 오를 때마다
크고 넓은
할아버지 품 안에 안기는 것 같아요.

나는 제주에 살아요

남들은 남들은
넓은 세상 좋다고
미국으로 중국으로
공부하러 떠나지만

나는 나는
높은 한라산
푸른 바다
푸른 하늘 출렁이는
제주가 좋아요.

어른들은 어른들은
서울에 가야 성공한다고
땅 팔고
집 팔고 떠나지만

나는 나는
노란 귤 넘치고
올레길 정답고
돌담으로 메운 밭담 많은
제주가 좋아요.
할아버지가 이룬 땅

아빠가 가꾸고
아빠가 가꾼 땅
내가 지켜가며
제주에 살 거예요.

할머니가 만든 구석구석
엄마가 꽃 심고
엄마가 가꾼 정원
꿈 되고 미래 되듯
나는 영원히 제주에 살 거예요.

애월항 등대

두 발 퉁퉁 붓겠다
하루종일 짠물에 발 담그고
오래오래 서 있어서

두 눈 퉁퉁 붓겠다
길 잃은 배에게
불 밝혀 주느라
매일 밤 한숨도 못 자서

두 손 매일 퉁퉁 붓겠다
허우적대며
불어오는 바람 막아내느라

그래도 언제나 제자리 지키며
희망 잃지 않는
붉은 옷 아저씨

오늘도 뭉게구름 모자 쓰고
두 눈에 반짝 반짝 불 켜며
묵묵히 제주 바다 지킨다.

1999년 아동문학연구 동시 등단.

2017년 아동문학 창작상 수상.

동시집 『햇살이 놀러온 마루』, 『이사온 수선화』.

시집 『꽃으로는 짧은』.

자녀교육사례집 『엄마도 엄마가 처음이야』, 『행복한 엄마, 더 행복한 아이』.

우린 친구야

외 4편

이명혜

우리 친구야

그늘에 널린 빨래
추워서 오들오들 떨고 있다.

어떻게 바람이 알고
햇살에게 살랑살랑 데려다 준다.

처음에는 다리 쪽
다음엔 치맛자락
마지막으로 양말까지

바람이 애쓰는 게 너무 예뻐서
햇살이 넌지시 건너와 비춰준다.

빨래는 이제야 기분 좋아
너울너울 춤추고 있다.

봐주는 건?

할아버지랑 노는 게 좋아?
네!

할아버지랑 뭐 하고 놀 때가 좋아?
음~ 씨름요.

할아버지랑 씨름하면 누가 이겨?
내가요.

근데 우리 할아버지 늙었어요.
씨름도 오래 못 해요.

그래서 내가 봐주는 건데
할아버지는
할아버지가 봐주는 거래요.

오늘의 일기

오늘은 진짜 중요한 날이다.

엄마랑 시장 갔다 오다가
엄마 선생님을 만났다.

나만 선생님 있는 줄 알았는데
우리 엄마도 선생님이 있었다.

키~킥, 나도
엄마가 잘못한 걸 선생님께 이른다고 해볼까?

청개구리

어젯밤 동생 먹을 때
꾸욱 참고 아껴두었던 아이스크림

동생 보고 있는 데서
약 올리며 먹고 있었다.

엄마가 나눠 먹으라 하면
절대 안 나눠야지 하면서

그런데 우리 엄마 호호 웃으며
'누나 거니까 엄마도 어쩔 수 없지' 하신다.

안 나눠도 된다고 하자
갑자기 나눠 먹고 싶어졌다.

동생이 예뻐 보이고
어느새 나도 좋은 언니가 되었다.

지금쯤 이야기 속 청개구리도
나를 보고 있겠지!

웃는 외투

와! 춥다 추워
겨울 바람같이 쌩
달려 들어오는 내 동생

집에 오자마자
외투를 벗어
따뜻한 이불 속으로
쏘옥 밀어 넣는다.

아니, 왜 옷을 거기다 넣는 거야
옷걸이에 걸어야지
엄마의 물음표 잔소리

나를 감싸주느라
추운 겨울 바람 막아준
외투가 고마워서요
어서 빨리 따뜻해지라고요.

외투가 이불 속에서
기지개 켜며 씨~익
웃고 있다.

1987년 『교육자료』 시 천료.
1988년 『아동문예』 문학상 동시 당선.
1993년 『제주시조』 백일장 수상, 1993년 『한국시』 시 당선.
동시집 『추억이 사는 연못』.
시집 『어느 기우뚱대던 날의 삽화』, 『소금꽃』.

우산 꽃

외 4편

이소영

우산 꽃

맑았던 하늘
컴컴해지고 비 내리자
기웃기웃
유리창으로 몰려드는 색색 꽃들.

저리 많은 우산 가운데
날 기다리는 사람 하나 없네.

내가 엄마 기다리는 것보다 더
엄마도
회사 유리창 안에서
우산 꽃 되어 달려오고 싶을 거야.

정말! 그럴 거야.

모두 정답이네요

– 분홍색 무궁화네.
– 하얀색 무궁화지.

파란 신호등 켜지고 지나다 본
가로수에 가려졌던
두 색깔의 무궁화 벽화

무언가에 가려져
보이지 않던 너와 나의 생각

모두가 정답이네요.

그냥

웃고 말았다.
공책에 엥그리고 도망가는
막내 재롱에

울고 말았다.
밤새 아픈 날 지키시다
새우잠 든 엄마 모습에

상 받은 날
말없이 다가와 손 내미는
내게 상처 준 친구
용서하고 싶었다.

그냥~

말동무

검버섯 핀 누런 얼굴
골 깊은 주름
늙은 호박들 줄지어 앉아
말동무 한다.

식사하는 사람들 말 들어보고
오가는 손님들 표정도 살펴보고

경로당에 모여
서로 토닥이며
누군가 기다리는 할머니들처럼.

식당 한 쪽에 모여 앉아
노랗게 꽃피우는
옛 고향 이야기.

이 빠진 달력이 되다

추운 겨울 빨리 가라고
숫자 몇 개를 뺀 이월
이 빠진 달력이 되었다.

담 밑에 모여 앉아
삼월을 기다리는
씨앗들 땜에.

징검징검
민들레 꽃길 건너고픈
봄바람 땜에.

1988년 아동문예 동시작품상 당선으로 등단.

한국아동문학상, 한정동 아동문학상, 한국불교아동문학상 수상.

제주아동문학협회장, 애월문학회장 역임.

제주일보 『제주논단』 집필위원 역임.

2010~2013년 초등학교 국어 4-1 교과서에 「제주도에서」(산문) 등재.

초등학교 국어 4-1 교과서에 「어느 새」(시) 등재.

시집 『민들레 피는 길은』, 『우산 속 둘이서』, 『바람의 맛』.

p. 91 - 96

숨비소리

외 4편

장승련

숨비소리

호~오 잇!
해녀들이 내는
이 숨비소리는

숨을 참고 해산물 따다
물 밖으로 나와
내쉬는 소리

그건
가슴 속 참았던 숨을
깨끗이 비우는 소리

그건
물 밖으로 살아나왔다는
안심의 소리

또 하나 그건
지친 몸에 힘을 불어넣고
다시 바다로 뛰어드는 소리.

테왁 속에는

우리 엄마 들고 가는
둥근 테왁 속엔
무엇이 들어있을까?

바다 위를 둥둥 뜨게 하는
공기만 들어 있는 게 아니다.

그 속에는
우리 가족들 얼굴들이 들어있고
내일을 향한 햇살이 들어있고

반드시 살아 돌아와야 한다는
간절한 기도가 들어있다.
엄마만 기원하는…

겨울바다의 해녀

해녀들은
차가운 겨울바다에 들어간다.

파도가 우르릉대며 바위를 내려치고
바다가 울렁울렁 몸을 밀쳐내도

바다 속엔
전복이 숨바꼭질하고
소라가 뿔을 세우고
미역이 너울거리는 밝은 손짓

바다 밖엔
둥근 테왁이 지아비가 되고
숨비소리가 자신을 북돋우고
괭이갈매기가 날갯짓으로 친구하잔다.

연이가 헤엄 배우다

연이는 다섯 살
선착장 끝에 걸터앉아

물이 가득 밀려온 포구에서
깔깔거리며 물놀이하는 언니 오빠들
부러워 보고 또 보고

끄덕끄덕 졸음이 몰려오고 흩어지고
다시 끄덕끄덕하던 머리의 무게로 갑자기
"첨벙!"
바다에 빠진 연이

깜짝 놀라
물속에서 허우적허우적
발과 손을 마구 휘젓고 있는데
앞집 아저씨 물에 뛰어들어 건져 올렸다.

그 이튿날부터
연이는 헤엄을 칠 수 있었다.
물에 빠져 허우적대다 보니 배울 수 있었다고.

헤엄을 배우려면
먼저 물속에 들어가야 해.

연이가 꼬마 해녀가 된 날

9살 된 연이
처음으로 테왁을 메고
바다에 간다.

물속에 들어갔다가
다시 살아나올 수 있을까?

마음은 두근두근
숨은 자꾸 가빠오는데

"연아, 할 수 있어!"

언니들처럼
파도가 촐촐 달려와 용기를 주고

엄마처럼
바다가 따뜻한 체온으로 날 안아준다.

테왁을 안고
바닷물에 두둥실.

제107회 『아동문학평론』 신인문학상 수상.
당선작 「봄비」, 「노을」.

봄

외 4편

조은영

봄

봄은
겨우내 땅속에 숨어있던
새싹을 바라보라고 해서
'봄'이래요.

봄은
겨우내 꽁꽁 얼어있던
내 마음을 열어보라고 해서
'봄'이래요.

그래서
봄은
겨울의 빗장을 풀어보라고
'봄' '보~옴' 그런대요.

아빠의 발가락

낮잠 자는 아빠
발가락을 본 순간
내 마음은
쿵

발가락마다
굳은살이 박히고
엄지발가락엔
피멍이 들고

아빠의 거친 발가락
살며시
만져 보아요.

아침 저녁으로
일하시는 우리 아빠

많이 힘들었나 보다
많이 아팠나 보다.

방학하는 날

1년의
반을 지나

허리춤에서
잠시 쉬다.

하늘 위 종달새도
땅속 쥐며느리도
교실 안 우리도

잠시 쉬며

종종거리던
발을
잠시
내
려
놓
자.

제 마음 들리나요
- 이어달리기에서

조마조마
콩닥콩닥

우리 팀 내 차례
옆에 있는 종현이보다
잘 달려야 할 텐데…

아니,
이기고 있던 우리 편

나 때문에
지면 안 되는데…

내 마음의
심장소리
옆에 있던 종현이
들으면 안 되는데…

노란 리본
- 세월호 희생자를 기리며

아른거림
속
슬픈
눈물

하늘거림
속
아린
생채기.

동화

1993년 제주신인문학상「흰눈이 된 토끼」, 1994년 계간『우리문학』에「경아와 장미」,
1996년『한국아동문학연구』에「아빠의 손수건」으로 신인문학상을 받으며 등단.
창작동화집『설이가 본 세상』,『산타클로스를 기다리는 아이』,『꽃피는 지구식물원』,
『하늬바람이 찾은 행복』,『도토리묵』등을 출간하였음.
제주문인협회 감사 및 선거관리위원장, 한국아동문학회 이사, 제주아동문학협회장,
제주학생문화원장 등을 역임하였고 현재 제주문인협회 회장으로 활동하고 있음.

가랑잎이
전하는 말

고운진

가랑잎이
전하는 말

　엄마는 정말 왜 그러는지 모르겠다. 하고 싶은 일을 하지 못하게 하는 엄마가 싫었다. '혹시 날 어디에서 데려온 건 아닐까?' 여기까지 생각이 미치자 봉수 눈에서 눈물이 주르르 흘러내립니다. 의자에 흘러내린 눈물이 가로등 불빛에 반짝거립니다.

　학교에서 돌아와 스마트폰으로 들꽃들을 검색하는 중이었다.
　"야 강봉수, 넌 왜 그 모양이니? 다른 애들은 학교가 끝나도 다 공부하는데 쓸데없는 짓이나 하고…."
　계속되는 잔소리에 가슴 속에서 끓어오르던 용암이 폭발하고 말았다.
　"엄마, 정말 왜 그러세요? 이게 왜 쓸데없는 짓이냐고요?"
　눈을 동그랗게 말고는 엄마를 쏘아본다. 엄마도 질세라 이내 말 폭탄이 쏟아지기 시작한다. 일을 마치고 온 엄마에게서 그런 힘이 나온다는 게 이상할 정도였다.

"그래 이 녀석아, 들꽃 생태가 네 앞날을 책임져 준대? 서울
대 시험에 나온대? 하찮은 들꽃들만 보며 공부는 뒷전이고…
아휴~ 내가 못 살아!"

"상관 마세요. 난 내가 하고 싶은 공부를 할 거예요. 서울대도
싫고 학원 가기도 싫단 말이에요."

봉수는 엄마에게 앙칼지게 쏘아대고는 바람처럼 집 안을 빠
져 나갔다.

싫다는 일을 자꾸 하라고 하는 엄마가 정말 내 엄마일까? 봉
수는 화가 치밀어 더 이상 견딜 수 없었다. 골목을 돌아 아라
공원으로 달렸다. 어둠이 내리는 아라 공원은 한적하기 그지없
었다. 실컷 울 수도 있고 고래고래 소리를 질러도 좋았다. 학원
은 정말 지겹다. 반복 학습으로 성적을 올리는 건 공부가 아니
다. 태권도도 싫고 피아노도 싫은 건 마찬가지였다. 학원 시간
에 쫓기며 돌아다니다 저녁이 돼서야 집으로 돌아오는 일상이
봉수는 싫었다. 그럴 때마다 엄마는 다른 아이들과 비교하며
나무라는 일이 계속되었고 엄마와의 갈등은 더 깊은 골짜기로
빠져들기 시작했다.

봉수가 하고 싶은 일은 따로 있었다. 들꽃 생태를 공부하는
일이었다. 5학년이 되면서 더욱 들꽃들에게 호기심이 생겼다.
연못가와 습지에 자라는 부들 생태도 알고 싶
었고 채집하고 싶었다.

할머니 텃밭에 자라는 방동사니도 뽑아보고 줄기가 세모난 것도 신기해 채집하고 생태를 알아볼 생각이다. 줄기가 없는 민들레 생태는 더욱 궁금했다. 민들레 홀씨가 날아가는 모습을 보며 환호를 했던 적이 한두 번이 아니었다. 명아주, 참나리, 하늘나리, 도꼬마리, 개망초, 솔나리, 닭의장풀, 말나리… 모두가 귀엽고 소중한 녀석들이었다. 녀석들 자람과 꽃모양을 본 후로 봉수는 공원으로 들판으로 내달리는 게 좋았다. 그럴수록 엄마와의 다툼은 점점 심해졌다. 급기야 내 엄마가 아닐지도 모른다는 생각 때문에 잠을 이룰 수 없는 지경에 이르렀다. 엄마를 싫어하면 싫어할수록 봉수 마음엔 무거운 돌덩이가 하나 둘씩 더해지기 시작했다.

시간이 얼마나 흘렀을까요? 가로등 불빛들이 반짝거리며 의자로 내려앉습니다. 봉수는 저절로 눈물이 주르르 흘러 나왔습니다. '집으로 돌아갈까?' 하지만 앙칼진 엄마 목소리를 생각하곤 이내 의자에 몸을 웅크리며 생각을 접습니다.

싸늘한 바람이 느티나무를 한 바퀴 돌고 빠져나가자 벚꽃 잎들이 나풀나풀 불빛 속으로 빠져 들어온다. 아직은 이른 봄이라 저녁이 되자 소소리바람이 공원에 가득 차 있는 듯 썰렁했다. '그만 집으로 돌아갈까?' 오늘따라 아라공원에는 산책하는 사람조차 없었다. 자꾸 봉수를 몰아세우는 소리만이 마음속에서 일어났다.

소소리바람이 일어서일까? 바람을 타고 들려오는 소리가 있었다. 어디선가 들려오는 소리는 분명 봉수를 부르는 소리였다. 소리는 물결이 밀려오듯 점점 넓게 퍼지며 봉수 곁으로 밀려왔다.

'봉수야! 봉수야! 여기를 봐.' 소리가 나는 쪽으로 눈을 돌렸지만 아무것도 보이지 않았다. '어? 아무도 없는데? 누가 불렀지?' 다시 어둠 속으로 고개를 돌렸다. 가로등 불빛만 파르르 떨고 있을 뿐 아무것도 보이지 않았다. '여기야 봉수야!' 소리가 들리는 가로등 쪽으로 고개를 돌렸다. '아~' 가로등 밑에 동그마니 내려앉은 가랑잎 하나. 봉수를 쳐다보며 배시시 웃고 있었다.

"많이 놀랐지? 난 가랑잎이야. 지난겨울 플라타너스 나무에서 떨어져 공원에서 살게 되었단다."

가랑잎이 말을 하다니 이럴 수가… 봉수가 어찌할 바를 모르고 있는 사이 가랑잎이 다시 말을 걸어왔다.

"네가 많이 외로워 보여서 도와주려고…."

가로등 밑에 살포시 내려앉았던 가랑잎이 봉수가 있는 쪽으로 사르르 다가왔다. 봉수는 살갑게 대하는 가랑잎을 보자 어쩌면 자기가 가랑잎과 같은 처지라고 생각되었다. 지난겨울이 힘들었는지 가랑잎은 많이 바삭거렸다. 힘든 겨울을 견딘 가랑잎이 가여워서일까? 이내 봉수는 가랑잎에게 마음을 내주었다.

"응, 그래 넌 공원 이야기들을 다 알고 있겠구나?"

봉수가 말을 건네자 가랑잎이 환한 미소로 다가오며 말을 건

넨다.

"응, 지난겨울 동안 아라공원에는 많은 이야기들이 있었단
다. 휴우~."

가랑잎이 이야기를 꺼내다 말고 한숨을 길게 들이쉬었다.

"아니 왜?"

가랑잎이 한숨을 쉬자 봉수가 이내 말을 재촉했다.

"그래 말을 하려니 너무 슬퍼서 그래. 지난겨울 아라공원에
는 많은 사람들이 다녀갔단다. 먼저 당골에 살던 할머니는
매일 이 공원을 찾았었지."

이어지는 가랑잎 이야기는 이랬다. 당골 할머니는 평생 자식
들을 위해 일을 했지만 결국 당골에 있는 집마저 팔리고 갈 곳
이 없어져서 딸네 집으로 오게 되었고 지팡이와 함께 공원을
찾아 의자에게 말을 걸곤 했단다. 하지만 지난겨울 돌아가시고
말았지. 여기까지 들은 의자도 슬펐는지 눈물을 훔치기 시작했
다. 의자는 아들 때문에 당골에 있는 집을 팔아야 했고 어쩔 수
없이 딸이 사는 아파트에 들어와 사는 것이 더 슬프다고 했다.
당골에 살던 할머니는 딸 아파트에서는 숨조차 쉴 수 없었다
고 늘 한숨을 쉬곤 했었지. 딸과 다툰 날은 어김없이 아라공원
을 찾았고 그러면서 자연히 가랑잎과도 친하게 되었지
만 그 겨울을 넘기지 못하고 말았다는 슬픈 이
야기였다. 평생 살아온 고향 땅에서 살지 못
하고 결국 도시에서 숨을 거두게 된 것
은 딸에게는 적게 물려준 재산 때문이

라고 소소리바람이 살짝 전해 주었단다. 재산 때문에 할머니를 구박하고 결국 아라공원에 머물다가 돌아가신 거라는 이야기를 마치면서 가랑잎은 또 한 번 깊은 한숨을 내쉬었다.

봉수가 다시 가랑잎과 의자에게 말을 시작했다.

"너희들이 할머니를 위로해 드리지 그랬어?"

봉수의 얘기가 끝나자마자 가랑잎과 의자는 목소리를 높였다.

"넌 몰라서 그래. 우린 늘 할머니가 오길 기다렸고 위로도 많이 해드렸지."

할머니가 많이 그리운지 가랑잎은 눈물을 글썽였다.

"내일이라도 다시 할머니가 살아서 돌아온다면 난 무척 행복할 거야. 하지만 이젠 영영 올 수 없는걸 뭐….."

"어쩜 부모들은 바보인가 봐. 자식들을 위해 집도 다 팔았으니 말이야. 그리곤 그렇게 쓸쓸히 생을 마감하다니….."

가랑잎이 혼자 말하는 것이 쑥스러웠는지 봉수에게 알고 있다는 듯 물었다.

"봉수 너도 미운 엄마와 싸워서 나왔지?"

"그런 건 물어보지 말고!"

봉수는 '미운'이라는 말에 뜨끔했지만 얼른 말꼬리를 돌렸다.

"당골 할머니는 이제 지팡이도 의자도 필요 없는 나라로 가셨을 거야. 이제 그만 잊고 지난겨울 이야기를 더 들어볼까?"

봉수는 아라공원의 지난겨울 이야기를 더 듣고 싶었다. 새 봄이 왔지만 아직 떠나지 못하고 있는 가랑잎이 들려주는 이야기

에 봉수는 점점 빠져들고 있었다.

"그래 고맙다. 다른 사람들은 내 얘기를 들으려고조차 하지
않았거든."

그러면서 이번엔 지난겨울 다녀간 흰 눈 이야기를 들려주었
다. 오랜만에 찾아온 흰 눈이 반가워 가랑잎은 흰 눈과 많은 이
야기를 나누었지. 하지만 흰 눈은 겨울이 되어도 더 이상 도시
에 찾아오지 않는다는 말을 했다. 당골에 내리던 눈이 지난겨
울 아라공원으로 온 것은 순전히 할머니가 보고 싶어서였다는
얘기도 했다. 겨울이면 늘 할머니 모습이 그리워 찾아가곤 했
었는데 할머니가 안 계신 당골에는 이제 더 이상 찾아가지 않
는다는 얘기였다. 흰 눈은 소소리에게 할머니가 아라공원에 계
신다는 말을 듣고 찾아왔지만 지난 2월 떠나고 말았지.

"흰 눈도 할머니의 생활은 다 알고 있었구나?"

"그럼, 그래서 가엾은 할머니를 찾아 아라공원에 찾아온 거
고… 더 이상 할머니를 볼 수 없게 되자 떠나고 말았지."

아라공원에 밤이 깊었다. 싸늘한 공기가 가랑잎과 봉수를 덮
친다. 소소리바람이었다. 휑하니 벚꽃 잎들을 날리더니 봉수
곁으로 내려온다.

"넌 소소리바람이구나?"

"응, 난 소소리야."

가랑잎도 빙그레 미소를 지으며 소소리를 쳐다보았다.

"그래 가랑잎 너도 잘 지냈니?"

소소리의 물음에 다시 가랑잎이 입을 열었다.

"응 고맙다. 잘 지냈지. 네가 내 곁에 있다는 것은 참 좋은 일이야."

"네가 없었다면 난 공원 여기저기를 돌아다닐 수가 없거든. 나도 어떨 땐 이 의자 곁을 떠가고 싶을 때가 있단다. 그땐 네가 필요하지… 그래서 너는 정말 좋은 친구가 아닐까?"

가랑잎은 소소리가 좋은 친구라고 칭찬을 이어나갔다.

칭찬을 들은 소소리가 쑥스럽게 웃으며 가랑잎에게 말을 했다.

"난 그동안 널 못살게 군 것 같아 미안했었는데…."

가랑잎과 소소리가 주고받는 따뜻한 얘기로 아라공원엔 포근한 기운이 감돌았다. 봉수도 가만있을 수 없어 이야기에 끼어들었다.

"그럼 우리 셋이 단짝 친구가 되었네?"

봉수의 말에 가랑잎이 의자를 가리키며 눈을 찡긋거렸다.

"네가 앉아있는 의자는 우리 친구가 아니고?"

"참, 그렇구나. 우리 넷이 모두 단짝 친구였구나."

넷이서 이야기꽃을 피우는 아라공원에 봄밤이 깊어갑니다.

가랑잎은 신이 났다. 봉수가 호기심을 보이자 가랑잎은 다시 말재주꾼답게 지난겨울 이야기를 다 쏟아낼 듯 말문을 이어나갔다.

"봉수야 어때? 이번엔 더 슬픈 이야기를 들어 볼래?"

"슬픈 이야기?"

"응, 아주 슬픈 이야기야."

가랑잎은 눈시울을
붉히며 말을 끊었다.

"슬픈 이야기는 하지 않아도
돼. 슬픈 이야기를 들으면 자꾸 불쌍한 당골 할머니
가 생각날 것 같거든."

봉수의 말에도 소소리바람과 의자는 슬픈 이야기를 재촉하
기 시작했다.

휘파람새 부부에 관한 이야기였다.

배추흰나비 애벌레를 좋아하는 휘파람새 부부가 지난겨울
아라공원에 찾아왔었다고 한다. 의자와 가랑잎이 궁금해 물어
보았더니 더 이상 숲속 생활은 할 수 없어 공원을 찾아왔다는
휘파람새 부부가 터전을 잃고 새끼까지 잃은 슬픈 이야기였다.
동식물을 좋아하는 봉수에겐 가엽고 슬픈 이야기가 아닐 수 없
었다.

가랑잎 이야기는 계속되었다.

휘파람새가 더 이상 갈 곳은 없었다. '휘릭 호오오~' 좀처럼
밤에는 내려오지 않는 녀석 그리고 모습을 보여주지 않던 녀석
이 아라공원 의자까지 내려 온 까닭은 틀림없이 무슨 사연이
있는 것이 분명해 보였다.

"넌 왜 이 시간에 여기 온 거니?"

가랑잎이 먼저 종알거렸다. 휘파람새는 더 이상 제주에서 살
아갈 장소를 찾는 것이 어렵다고 하소연했다. 들판에 있는 애
벌레들은 농약으로 다 없어지고 그나마 남은 땅도 건물이 들어

서면서 먹이를 찾기가 어려웠다는 얘기였다. 심지어 지난해 5월 찔레덤불 속에 낳아 놓았던 새끼들이 다 자라 날아갈 무렵에 중장비들이 들어와 숲을 정리하면서 모두 죽이고 말았다는 얘기를 할 때는 휘파람새 부부가 눈물을 뚝뚝 흘리고 있었다. 그나마 아라공원이 나을 것 같아 찾아왔지만 여기서도 먹이가 없어 배고픔을 이겨내기는 힘들 것 같다고 했다. 지난겨울 새끼를 잃고 먹이를 찾아 헤매던 휘파람새 부부도 결국 가랑잎과의 만남을 끝으로 아라공원 의자 밑에서 모두 숨을 거두었다는 이야기였다. 이야기를 듣고는 모두 눈물을 흘렸다.

봉수도 말이 없었다. 고개를 떨군 봉수가 몸을 으스스 떨면서 울먹였다.
"애들아 슬픈 얘기는 그만, 난 이제 그만 집에 가 봐야 할 것 같아~"
"아니 벌써?"
가랑잎은 아쉬워했다. 소소리도 의자도 눈을 동그랗게 뜨며 봉수가 떠나면 아라공원이 쓸쓸해질 것이라고 입을 모았다.
"그래도 난 가야 해. 내일 다시 올게. 내일 만나."
"그럼 이 이야기만이라도 듣고 가면 안 되겠니? 이번엔 정말 아름다운 이야기를 할게."
가랑잎이 아쉬운 듯 봉수를 붙잡는 것이었다.
"암, 우리도 같이 들을게."
소소리바람과 의자도 가랑잎의 말에 함께 맞장구를 쳤다.

"아니 뭐라고? 너희들 정말? 휘파람새 이야기만 들려주고 보내준다고 했잖아?"

봉수는 갑자기 엄마가 보고 싶어져 벌떡 일어났다. 휘파람새 부부처럼 엄마가 날 위해 일하다 죽을 수도 있다는 생각에 몸서리를 쳤다.

"난 집으로 가야 해."

봉수는 달리기 시작했다. 별들이 내리는 아라공원 하늘 위로 봉수의 몸이 솟구쳐 오르기 시작했다.

"안 돼!"

소소리바람이 봉수를 휘감아 회오리가 된 듯 솟구쳐 오르고 있었다.

가랑잎도 빙그르르 돌면서 봉수 몸에 찰싹 달라붙었다.

이윽고 소소리가 공원을 빠져나가고 가랑잎도 멀리 날아가기 시작한다.

"아아아~~"

그때 스마트폰이 울리기 시작했다. 전화발신자는 '미운 엄마'였다. 얼마나 전화를 많이 했었는지 부재중 전화가 다섯 번이나 찍혀 있는 스마트폰을 보고는 봉수는 아라공원을 획 둘러보았다. 가로등 불빛만 바람에 흔들릴 뿐 고요하기만 했다. 봉수는 의자에 웅크리고 있었지만 소소리바람과 가랑잎은 보이지 않았다.

'아 내가 잠깐 잠들었었나?' '아니 그럼 그 친구

들은 다 어디 갔지?' 두리번거리던 의자 밑에 가랑잎 하나가 아무 일 없다는 듯 불빛에 흔들거린다.

'미운 엄마' 점차 봉수 마음에서 '미움'이 떨어져 나가기 시작합니다. '나를 찾느라 얼마나 힘들었을까?' 봉수가 다시 엄마 생각에 몸서리를 칩니다. '휘파람새 같은 엄마!'

스마트폰에서 연락처를 편집하기 시작했습니다. 미음에서 찾아낸 '미운 엄마' 편집을 누르고 '미운'을 삭제했습니다. 새로 편집 저장된 '엄마'를 보며 가랑잎이 한 말을 떠올려 봅니다. 누구를 사랑하지 않으면 힘든 환경을 이겨낼 수 없다던 속삭임이 귓가를 맴돌다 공원으로 흩뿌려집니다. 휘파람새 슬픈 이야기를 듣고 어쩌면 엄마가 슬픈 휘파람새일지도 모른다는 생각에 봉수는 집으로 달리고 있었습니다. 어서 집으로 가서 신비로운 생태를 더 연구하라고 가로등 불빛도 총총거리며 봉수를 다독이는 것 같았습니다.

'그래 이제부터 미움은 없어!' 봉수는 다시 바람처럼 달리기 시작했습니다. '엄마 기다려!' 달려가는 봉수가 저만치 멀어져 갔을 때 두 팔 벌린 휘파람새 엄마가 활짝 웃으며 달려오는 것처럼 보였습니다.

봉수가 떠난 아라공원에 가랑잎이 다시 의자에 내려앉고 어디선가 소소리바람도 내려옵니다. 가로등 불빛 속으로 벚꽃들이 흩뿌려지며 꽃비가 내립니다.

동화집『마녀 미용실』.
어린이 제주 신화집『이토록 신비로운 제주 신화』.
그림책『외계인 해녀』,『몽생이, 엉뚱한 사건!』.
e-book『달빛 피자가게』.
동화구연가, 제주신화강사, 해녀문화강사, 글쓰기 강사.
제주아동문학협회, 제주작가회의 회원.
nikiy777@hanmail.net

동백꽃 줍는 아이

김 란

동백꽃 줍는 아이

   옥련 할머니는 뚝뚝 떨어지는 빨간 동백꽃을 하나하나 어루만지며 바구니에 담았어요.

   "이건 순심이 꽃…, 이건 영순 언니 꽃…, 이건 창민이 꽃…, 이건…, 흑!"

   옥련 할머니는 더 말을 잇지 못하고 그대로 꽃 위에 쓰러져 흐느꼈어요.

   "어째서 내 머리가 하얀 백발이 되었는데도 그날이 더욱 생생하게 기억나는 걸까?"

   옥련 할머니는 지난 70년 동안 그날을 잊어버리려고 그토록 애썼지만 하루도 잊은 날이 없었어요. 그날 4월 3일을 어떻게 잊겠어요. 그날은 친구들과 동네 사람들이 모두 동백꽃처럼 떨어져버린 날인걸요.

   "할머니!"

   옆집 손녀딸 하은이가 옥련 할머니를 보고 달려왔어요.

   "우와! 동백꽃 예쁘다. 그런데 할머니, 왜 동백꽃을 바구니에

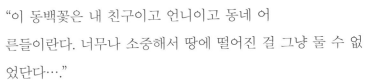

담아요?"

하은이는 작년에도 동백꽃

밑에 넋을 잃고 앉아있던 할머니

가 생각났어요.

"이 동백꽃은 내 친구이고 언니이고 동네 어

른들이란다. 너무나 소중해서 땅에 떨어진 걸 그냥 둘 수 없

었단다…."

옥련 할머니는 슬픈 얼굴로 동백꽃을 어루만지며 말을 이었

어요.

"예에? 꽃이 어떻게 사람이 돼요?"

하은이는 이상한 눈으로 옥련 할머니를 보았어요.

"그날도 오늘처럼 동백꽃이 활짝 피었었지. 동네 사람들은

모두 학교로 모이라는 방송이 흘러나왔어. 어른, 아이 할 것

없이 모두 모였지. 난 그때 꼭 지금 네 나이만 한 12살이었단

다. 모두 추위에 벌벌 떨며 운동장 한가운데 모였어."

옥련 할머니는 눈물을 글썽이며 70년 전에 있었던 그날의 슬

픈 이야기를 들려주었어요.

푸른 옷을 입은 사람들은 눈에 붉은 핏발을 세우고 운동장에

모인 마을 사람들을 향해 총을 겨누었단다.

모두 무서워서 벌벌 떨었지. 나는 도망가려고 주위를 둘러보

았어.

하지만 도망갈 수 없었단다. 푸른 옷을 입은 사람들이 주위

를 빽빽이 막아서고 있었거든.

그때 대장인 듯한 사람이 앞으로 나서더니 눈을 번뜩이며 말했어.

"폭도들은 모두 앞으로 나와!"

그때 마을 노인 한 분이 꾸부정한 몸으로 비척비척 일어나더니 용감하게 말했어.

"여기에 폭도들은 없소. 선량한 농부들일 뿐이오. 우리는 여기에서 나고 여기에서 살았소. 오랜 세월 동안 제자리를 지켜온 저 돌들과 꽃, 나무들, 그리고 저 하늘과 함께 농사를 지으며 살아가는 순박한 농부들일 뿐이오."

"뭐가 어찌고 어째!"

푸른 옷을 입은 사람들은 할아버지를 앞으로 끌고 가서 총으로….

할머니는 한동안 말을 잇지 못하고 흐느꼈어요. 그리고 애써 참으며 말을 이어갔지요.

순간 돌들도 두려움에 떨며 땅속 깊이 몸을 숨기는 것 같았어.

나는 똑똑히 보았어. 동백나무마저 두려움에 떠는 걸 말이야.

'저건 사람이 아니야!'

그 사람이 다시 앞으로 나서더니 버럭 소리를 질렀어.

"폭도들은 빨리 앞으로 나오지 못해!

그 사람은 갑자기 이웃집에 사는 영순 언니를 앞으로 끌고 갔어. 그때 영순 언니 나이가 꽃다운 열일곱이었어.

"너, 장갑과 목도리를 떠서 산에 있는 폭도들에게 갖다 줬지? 바른대로 말해!"

영순 언니는 고개를 저으며 사시나무 떨 듯이 바들바들 떨었어.

"누가 폭도 편인지 말해! 빨리 말 안 해?"

대장인 듯한 사람이 영순 언니에게 윽박질렀지.

"저, 전 잘 몰라요. 정말이에요."

나는 이해가 되지 않았단다. 동네 사람들은 다 같이 농사지으며 가족 같이 살아온 사람들인데, 누구 편인지 바른대로 말을 하라니.

영순 언니가 말을 하지 않자 그들은 차가운 물을 뿌렸어. 영순 언니의 몸이 얼음처럼 차갑게 굳어갔지.

'영순 언니…'

난, 너무 무서워 제자리에 서 있을 힘도 없었지.

순간, 영순 언니의 눈빛이 이상하게 번뜩였단다. 그리고 손가락으로 동네 어른들을 가리키기 시작했어. 이 사람, 저 사람, 아무나 되는대로 가리키는 것 같았어. 영순 언니가 마지막으로 가리킨 사람은 나와 가장 친한 친구였던 순심이 아빠였어.

"따라와!"

푸른 옷을 입은 사람들은 영순 언니가 가리킨 동네 사람들을 데리고 옆 밭으로 갔어. 나의 친구들…, 순심이, 창민이, 연옥이, 영순 언니…. 동네 삼촌들 거의 다 그들을 따라갔어.

"순…."

나는 순심이를 부르려고 했어. 엄마가 얼른 내 옷을 잡아당기며 눈짓을 보냈어.

'가만히 있어…'

나는 고개를 숙였어. 잠시 후, 하늘이 무너질 것 같은 무시무시한 천둥소리가 요란하게 들렸어. 하늘이 무너지고 친구도 사라지고 동네 사람들도 사라지고 모두가 한순간에 사라져 버렸지. 검은 어둠이 운동장을 덮었단다. 그때부터 내 앞길엔 언제나 어둠뿐이었어. 어둠뿐이었지….

그들을 따라간 순심이는 총소리와 함께 영원히 돌아오지 않았어.

난 그때 분명히 보았어. 붉은 동백꽃이 뚝뚝 떨어지는 것을….

이야기를 마친 할머니의 눈에 이슬이 맺혀 있었어요. 하은이는 아직도 잘 이해할 수는 없지만 가슴이 콕콕 아파왔어요. 그 자리에 하은이와 똑같은 나이의 어린 할머니가 있었다고 생각하니 더욱 마음이 아팠어요. 하은이는 바닥에 떨어진 동백꽃을 바라보았어요.

하은이는 동백꽃을 줍기 시작했어요. 그리고 소중히 어루만지며 할머니와 함께 바구니에 넣었어요.

『아동문학평론』 신인문학상 동화 부문 당선으로 등단.
동화집 『할머니의 테왁』, 그림동화 『꽃밥』 펴냄.
『농촌여성신문』 스토리 공모 우수상 받음.

몽돌을
가져와서
죄송합니다

김정배

몽돌을 가져와서
죄송합니다

"엄마, 엄마는 어디가 제일로 가보고 싶어요?"

"음, 나는 학동 몽돌 해변. 몽돌들이 부딪히며 내는 소리가 정말 신기하고 마음이 편안했었거든. 그 소리는 '한국의 아름다운 소리 100선'에도 뽑혔다는구나."

그 말을 하는 엄마는 맛있는 음식 앞에 앉은 사람처럼 행복해 보였습니다.

"몽돌들이 소리를 내요? 와! 신기하다. 저도 가보고 싶어요."

아이린이 눈을 반짝이며 말했습니다.

"그래, 회사 일 끝마치는 대로 같이 가보자."

미국 뉴저지에 사는 아이린이 몇 년 만에 부산 사는 외할머니댁에 오게 되었습니다. 엄마가 회사 일로 한국에 출장 오면서 아이린도 여름방학이라 따라온 것이지요.

"엄마, 나 정말 몽돌 해변에 가보고 싶단 말예요."

미국으로 돌아갈 날이 이틀밖에 남지 않자, 기다리다 못한 아이린이 저녁에 들어온 엄마한테 말했습니다.

"아이린, 어쩌지? 일정이 너무 빡빡해서 통 시간이 안 나네."

엄마가 미안해하며 말했습니다.

"이모랑 같이 갈까?"

옆에서 듣고 있던 이모가 말했습니다. 엄마보다 두 살 위인 이모는 결혼하지 않고 외할머니와 같이 살고 있습니다.

"네, 좋아요. 이모."

다음 날 아이린은 이모와 거제도에 있는 학동 몽돌 해변에 갔습니다.

"와! 정말 멋지다. 모래가 아닌 몽돌로 된 해변은 처음 봐요."

아이린은 넋을 놓고 앞에 펼쳐진 풍경을 바라보았습니다.

"와! 우리나라에 이렇게 아름다운 곳이 있다는 것이 너무나 놀라워요."

"그렇지. 우리 앉아서 몽돌들이 내는 소리도 들어보자."

이모는 편안한 자세로 앉아 파도 소리에 귀를 기울였습니다. 아이린도 이모 옆에 앉았습니다.

자그르르 자그르르 자그락 자그락.

파도에 밀려오는 몽돌들이 서로 부딪히며 소리를 냈습니다.

다그르르 다그르르 다그락 다그락.

파도에 밀려왔던 몽돌들이 나가면서도 소리를 냈습니다.

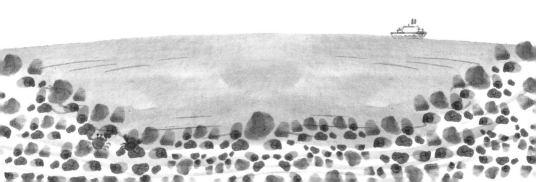

"이모, 몽돌들이 부딪히며 내는 소리는 정말 상쾌해요."

"음. 나도 그래. 마음도 편안해지고."

"엄마도 같이 왔으면 좋았을 텐데."

아이린은 엄마가 좋아하는 곳인데도 같이 오지 못한 것이 아쉬웠습니다.

파도는 몽돌 사이를 비집고 들어와서는 몽돌들을 밀어내기도 하고 끌어당기기도 하면서 몽돌들의 자리를 조금씩 바꿔놓기도 했습니다.

"아이린, 우리 신발 벗고 걸어볼까? 지압도 되니까."

한참을 앉아서 몽돌들이 부딪히며 내는 소리를 듣던 이모가 말했습니다.

"그래요, 이모."

아이린도 이모 따라 맨발로 조심조심 걸었습니다.

"돌들이 꼭 보석 같아요."

"그래서 이곳 몽돌을 '흑진주' 같다고 하지."

아이린 말에 앞서 걸어가던 이모가 대답했습니다.

이모와 아이린이 얼마쯤 걸었을 때였습니다.

"이모! 진짜 보석 있어. 흑진주가 아니고 옥이야."

아이린이 이모를 향해 소리쳤습니다. 까만색 몽돌들 사이에 옥빛이 나는 몽돌이 보인 것입니다.

"보석? 어디?"

이모가 아이린 쪽으로 되돌아오며 말했습니다. 아이린은 옥빛 몽돌을 주워서 이모에게 보여주었습니다.

"정말 예쁘다. 진짜 옥빛이 나네."

이모도 감탄했습니다.

"이모, 이거 갖고 가서 엄마 드릴 거예요. 그러면 매일 몽돌 해변을 보는 것 같을 테니까요."

아이린이 들뜬 목소리로 말했습니다.

"몽돌을 갖고 간다고?"

이모는 안 된다고 하고 싶었지만 아이린이 좋아하는 모습을 보니 말릴 수가 없었습니다.

아이린은 옥빛이 나는 몽돌 하나를 더 찾느라 허리를 굽혀 천천히 걸었습니다.

"와! 여기 또 있다."

아이린이 처음 주운 옥빛 몽돌과 비슷한 색인 몽돌을 주워들 며 말했습니다.

"엄마가 무척 좋아하실 것 같아요."

"글쎄, 네 엄마가 좋아할지는 잘 모르겠구나."

아이린은 예쁜 몽돌에 정신이 뺏겨 이모 대답은 머리에 들어 오지 않았습니다. 아이린이 집에 와보니 회사 일을 마친 엄마 가 먼저 들어와 계셨습니다.

"엄마, 몽돌 갖고 왔어. 엄마 드리려고."

아이린은 해변에서 갖고 온 몽돌 두 개를 내밀며 말했습니다.

"뭐? 몽돌을…. "

엄마가 몽돌을 받으며 아이린 얼굴을 빤히 쳐다보았습니다.

아이린은 뭔가 잘못했다는 것을 알아채고 바짝 긴장했습니다. 엄마는 아이린이 잘못을 저질렀을 때 이렇게 얼굴을 빤히 쳐다봤기 때문입니다.

"아이린, 이리 와서 앉아봐."

엄마는 몽돌을 거실 바닥에 놓으며 아이린을 불렀습니다.

아이린이 주춤주춤 엄마 앞에 가서 몽돌을 가운데 두고 엄마와 마주 앉았습니다.

"몽돌 해변에 가보니까 어떻더니?"

엄마는 아이린을 긴장하게 했던 것과는 달리 차분한 목소리로 말했습니다.

"너무나 신기하고 좋았어요."

"그렇지, 그렇게 아름다운 소리는 이런 몽돌들이 있어서 낼 수 있는 소리고 들을 수 있는 귀한 소리지. 그런 몽돌을 갖고 와버리면 어떡하니?"

"엄마도 몽돌 부딪히는 소리 들어보게 하고 싶어서 가지고 온 건데…."

아이린은 억울하다는 듯이 말했습니다.

"네가 오늘 들은 소리는 수천만 년 동안 자기의 모난 모서리를 조금씩 깎아내고서야 내는 소리야. 더는 깎아낼 모서리가 없는 돌들끼리 부딪혀서 내는 투명한 소리, 바로 그곳에서만 낼 수 있고, 들을 수 있는 소리지."

아이린은 엄마가 칭찬은 못 해줄망정 자기 마음도 몰라주는 것이 야속했습니다.

"고작 두 개 갖고 온 건데."

"모든 사람이 한두 개씩 가져가다 보면 몽돌이 남지 않을 테고 그러면 아름다운 소리는 이 세상에서 영영 사라져 버릴 수도 있거든."

이때 안방에서 엄마가 하는 얘기를 듣고는 할머니가 나오며 말했습니다.

"저 성질머리 하고는. 지 엄마 생각해서 갖고 온 걸 갖고 저러네. 쯧쯧."

할머니는 엄마의 꼬장꼬장한 성격이 못마땅하다는 듯이 혀까지 차며 말했습니다.

"이게 다 누구한테 배운 건데요? 엄마는 회동동 살 때 생각도 안 나세요? 제가 회동 수원지 뒤에 있는 땅뫼산에 놀러 갔다가 철쭉 뽑아왔을 때 어떻게 하셨는데요."

이때 목욕탕에서 나오던 이모가 '맞아' 하며 끼어들었습니다.

"저도 생각나요. 내가 중2고 아이린 엄마가 6학년 때였지요. 둘이서 땅뫼산에 놀러 갔다가 진달래 사이에 있는 철쭉을 보고는 엄마 생신 선물로 드린다며 힘들게 파고 왔을 때 어떻게 하셨는데요? 당장 가서 있던 자리에 심고 오라며 내보내

셨잖아요. 주전자에 물까지 들려서요. 그러고 보니 우리 집 전통이네."

이모가 하하 웃으며 말했습니다.

"맞아요. 산에 그대로 있으면 많은 사람이 볼 수 있지만, 우리 집으로 옮겨와 버리면 우리 가족밖에 볼 수 없다고 하시면서요."

아이린 엄마가 말했습니다.

"내가 그랬었냐? 나야 그랬어도 아이린 어멈은 너무 야박한 것 같구나. 그냥 선물로 받아 주지. 아이린, 저게 지 엄마 생각하는 맘이 오죽 기특하냐고."

"어머머, 우리 엄마, 손녀 앞에서는 주관도 와장창 무너져 버리시네."

이모가 웃으며 말했습니다.

아이린은 가족들이 하는 말을 듣다 보니 자기가 잘못했다는 생각이 들었습니다.

"엄마, 이 몽돌을 제자리로 돌려보낼래요."

아이린이 말했습니다.

"그래, 잘 생각했다. 직접 가져갈 수는 없으니까 편지를 써서 택배로라도 보내자."

엄마가 말했습니다.

"네. 그럴게요."

아이린은 방으로 들어가 편지를 썼습니다.

안녕하세요

저는 미국 뉴저지에 사는 아이린이라고 합니다.

엄마와 부산 사는 외할머니댁에 왔다가

학동 몽돌 해변에 놀러 갔다 오면서 몽돌 두 개를 갖고 와버렸습니다.

엄마한테서 예쁜 몽돌이 만들어지려면 얼마나 많은 시간이

걸리는지를 듣게 되었습니다.

또 이를 지키기 위해서 노력해야 한다는 말씀을 듣고

원래 있던 자리로 돌려보내야겠다는 생각을 하게 되었습니다.

몽돌을 가져와서 죄송합니다.

2018년 8월 10일

아이린 올림

아이린이 편지를 쓰는 동안 아이린 엄마는 한려해상국립공원 홈페이지에 들어가서 주소를 적었습니다.

"미국으로 돌아가기 전에 보내고 가자."

아이린 엄마는 아이린과 같이 우체국에 가서 몽돌 두 개와 편지가 들어있는 택배 상자를 보내고 왔습니다.

"아이린, 몽돌을 돌려 보내버려서 섭섭해?"

엄마가 물었습니다.

"아니, 나도 사실은 마음이 찔렸어. '몽돌 채취 금지'라는 푯말을 봤거든요."

아이린이 눈웃음을 지으며 대답했습니다.

그러고 나서 얼마쯤 지났을 때였습니다.

"엄마! 나한테 소포가 왔어. 몽돌을 돌려보냈던 그 주소야."

아이린이 택배 상자를 들고 소리쳤습니다.

택배 상자 안에는 한려해상국립공원 관계자가 보낸 기념품과 답장이 들어있었습니다.

학동을 찾아 줘서 고마워요.
아이린 양의 자연을 소중하게 여기는 간절한 마음이
우리 공원 관리자들에게 몽돌의 소중함과
보호의 필요성을 더 느끼게 해주었어요.
앞으로 몽돌 돌려주기 캠페인과 홍보도 강화할 생각이에요.

한려해상국립공원 동부사무소 해양지원 과장 씀

"엄마 생각이 옳았어요. 몽돌을 원래 있던 자리로 돌려보낸 것은 역시 잘한 일이에요. 엄마, 정말 몽돌들이 부딪히는 소리가 들리는 것 같아요."

아이린은 기념품으로 보내온 학동 몽돌 해변 사진을 넣은 액자에 입을 쪽 맞추며 말했습니다.

『해동문학』에 「한라짱 몽생이」로 등단.
작품 「나는 초록별」, 「빨간 모자에 별꽃을」, 「문풍지가 된 삼돌이」,
「끼룩이와 짹순이」, 「겨울바다 멋쟁이」 등.
동화집 『물결아줌마 치맛자락』, 『구젱기 짝꿍』.
동화 구연 지도사.

p. 142 - 151

공짜 선물

김정숙

공짜 선물

　나는 남의 눈에 잘 띄지도 않고 만질 수도 없습니다. 언제 태어났는지도 잘 모르겠습니다. 어렴풋이 기억하는 건, 수많은 별들 중에 지구별이 아마도 나의 고향인 것 같다는 겁니다.

　나는 혼자가 아니라 친구들과 함께 지냈습니다. 우리는 불끈 힘이 솟으면 산을 타고 하늘로 올랐습니다. 높이 올랐다가 몸이 차가워지면 구름이 되고, 때로는 바람이 되고, 비나 눈으로 변신도 했습니다.

　푸른 하늘과 바다, 나무숲이나 드넓은 초원, 어디든 마음껏 다니던 시절이 있었습니다.

　어느 날, 세상을 만든 하느님이 사람을 만들고, 사람의 콧구멍 속으로 우리를 불어넣었습니다. 그때부터 우리는 사람의 몸속을 드나드는 일을 반복하게 됐습니다.

　숲에서 막 도시로 들어온 우리는 하루하루가 견디기 힘들 만큼 고달팠습니다.

　여름날, 에어컨 실외기에 갇혔다가 빠져나온 친구들의 비명

소리는 끝이 없었습니다. 자동차 배기가스로 성격이 거칠어진 친구들, 지하철 통풍구에서 뿜어져 나온 친구들, 화가 잔뜩 오른 친구들이 결국은 도시를 탈출하려고 하늘로 오르고 올랐습니다.

"지구별이 많이 아프겠어."

우리는 느림보 바람 아저씨 등에 업혀 빌딩 사이를 헤매었습니다. 그러다가 우연히 어느 아파트 창문을 통해 푸우 아저씨네 집으로 들어가게 됐습니다.

꼬마 리라를 만난 건 그때였습니다. 방 안 가득 연기가 자욱했습니다. 그 연기는 푸우 아저씨 입에서 계속 뿜어져 나왔습니다.

"휴우!"

연기 속에 갇혔던 친구들은 기운 없이 누렇게 떠 있었습니다.

"콜록, 콜록."

그때 힘없이 기침하는 꼬마 리라를 보았습니다.

"기침이 끊이질 않는구나, 약은 잘 먹었니?"

"네, 아빠."

"밥도 잘 챙겨 먹고?"

부엌에서 쌀을 씻던 할머니가 리라 대신 대답했습니다.

"감기 걸리면 입맛이 없다던데, 리라가 그러는구나."

"밥을 먹고 약을 먹어야 감기 낫는다고 안 했나?"

걱정 어린 눈빛과는 다르게

푸우 아저씨 목소리는 무뚝

뚝했습니다. 입을 꾹 다문 채 푸우 아저씨는 콧구멍으로 숨을 길게 들이마셨습니다.

나는 몇몇 친구들과 함께 푸우 아저씨 콧구멍으로 들어갔습니다.

우리는 사람의 몸속을 '신비나라'라고 불렀습니다. 신비나라에 들어가면 꼭 머무는 마을이 있습니다. '폐장'이라는 마을입니다. 폐장마을은 신비나라를 돌고 나오는 친구들과 만나는 곳이기도 합니다.

폐장마을에는 동그란 집들이 빽빽하게 붙어 있습니다. 포도송이처럼 보입니다. 그래서 우리는 그 마을 이름을 '폐포'라고 했습니다.

우리는 서둘러 '심장'마을로 향했습니다.

'적혈구' 친구들이 우리를 마중 나왔습니다. 우리는 적혈구 친구들에게 '산소'를 나눠줬습니다.

"동작 시작!"

몸집이 큰 '동맥'이라는 혈관이 힘을 주며 출발을 알렸습니다. 심장마을에서 뿜어져 나오는 붉은 폭포 줄기에 몸을 실었습니다.

'혈관'이라는 강줄기는 셀 수 없을 만큼 어마어마했습니다.

혈액이 흐르는 강줄기를 따라 곳곳을 돌아다녔습니다.

엄청 많은 '세포' 친구들이 우리를 반겼습니다. 그들은 신비

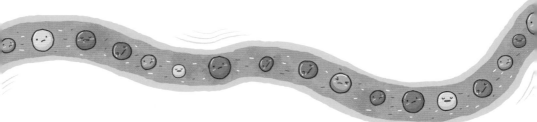

나라를 살아 움직이고 성장하게 하는 일을 했습니다.

적혈구들은 그런 세포 친구들을 위해 우리에게 받은 '산소'를 선물했습니다. 그리고는 목숨을 바쳐 그들 몸에 붙은 나쁜 '이산화탄소'를 끌어안았습니다.

'혈소판'이 다급하게 외치는 소리가 들렸습니다.

"애들아, 신비나라 주인이 상처가 났다!"

"혈액이 신비나라 밖으로 흐르지 못하게 막아야 한다!"

"모두 출동 준비!"

"상처 난 곳을 향해 돌진!"

혈소판들은 잽싸게 자기 몸을 쓰러뜨려 '혈구'를 엉기게 했습니다. 병원균이 들어오지 못하게 목숨을 바쳐 용감히 싸웠습니다. 그렇지만 틈새를 노린 나쁜 균은 신비나라에 침입하고 말았습니다.

이번에는 '백혈구'들이 큰 소리로 외쳤습니다.

"애들아, 병원균이 쳐들어왔다!"

"저 세균들을 빨리 죽여야 한다!"

"우리 모두 아메바 모습으로 변신!"

"혈관 밖을 향해 돌진!"

백혈구들은 병원균을 무찌르고 그 자리에 쓰러져 죽고 말았습니다. 적혈구, 혈소판, 백혈구 삼총사는 신비나라를 위해 모든 것을 다 바쳤습니다.

"공기님! 공기님!"

적혈구가 다급하게 우리를 불렀습니다. 무슨 일이 일어났는지 짐작이 갔습니다.

"공기님! 뿌연 연기가 들어오고 있습니다."

"앞이 안 보입니다."

"신비나라를 해치려는 침범자가 들어온 것 같습니다."

적혈구들은 너도나도 한마디씩 했습니다.

뿌연 연기는 우리의 길을 방해했습니다. 우리는 몸집이 가냘픈 정맥이라는 혈관에 몸을 실었습니다. 혈관 강줄기를 따라 심장마을로 되돌아갔습니다. 그리고는 폐장마을을 지나 신비나라를 빠져나왔습니다.

"뿌연 연기는 특별손님이고, 우린 쫓겨난 것 맞지?"

"우리 없이 숨 쉬어 본 적 있어?"

신비나라 주인에게 따지고 싶었습니다.

별똥별에서 온 작은 공기가 말했습니다.

"외계인이 그러는데 사람은 특이한 종족이래."

"왜?"

"사람 몸속엔 허파, 심장, 간장, 쓸개, 위장, 소장, 대장, 여러 마을이 있대. 규칙적으로 움직이는 마을."

"그건 우리도 알고 있잖아."

"신비나라 주인은 사람이잖아? 그렇지만 우리처럼 신비나라 마을 곳곳을 직접 들어가서 볼 수 없대."

"그러니까 뿌연 연기를 특별손님으로 초대했겠지."

"그뿐이 아냐. 외계인이 자기네는 뇌를 전부 사용하는데 사람은 뇌도 조금밖에 사용할 줄 모른다고 말했어."

"진짜 특이한 종족이군."

"우리, 외계인이 사는 곳으로 탈출할까?"

"음…, 그건 무서워. 우주 창공 그 끝을 모르니까. 아무리 자유롭다고 해도 어디든 마음대로 돌아다닐 수 있다고 생각하는 건 위험해."

"그것도 그렇지만 우리가 지구별을 떠나는 순간 지구별은 순식간에 사라지고 말걸."

우리는 날이 새도록 많은 이야기를 나누었고 고민도 했습니다.

다음 날 아침, 창가에 쏟아지는 햇살을 바라보는 리라를 보았습니다.

"리라를 도울 수 있는 방법, 뭐가 없을까…?"

리라의 눈빛을 따라 조용히 머무는 친구들을 보며 문득, 생각했습니다.

창가에 기대선 리라가 손바닥을 이리저리 움직이며 햇살을 만졌습니다. 허공에다 손을 저어보기도 했습니다. 먼지들이 햇살을 타고 아롱아롱 움직였습니다.

"얘들아, 우리라고 다 좋은 것만 가진 것은 아니잖니."

"그래, 우리도 나쁜 것을 몸에 달고 다니잖아."

"맞아, 꽃가루랑 먼지…."

"그뿐이겠니? 세균이랑 같이 떠돌아다닐 때도 있어."

리라의 목소리가 희미하게 들렸습니다.

"꽃이 피고, 나무가 쑥쑥 자라는, 공기 좋은 그런 곳에서 살고

싶어."

우리에게 하는 말인지 그냥 혼자 하는 말인지 모르겠습니다.

"우리가…, 좋은 공기가 돼주면 어떨까?"

고개를 돌려보니 푸우 아저씨네 집에 새로 들어온 공기였습니다.

"전에 꽃향기를 맡은 공기들을 만난 적이 있거든. 얼마나 향기로웠는지 몰라. 사람들이 그 향기만 지나면 코를 벌렁벌렁하면서 난리였어."

우리는 말없이 서로 마주 보았습니다. 새로운 친구는 계속 말을 이었습니다.

"방법은 여러 가지 있어. 우리가 하늘 높이 올라가면 비가 되잖아. 우리 중에도 어쩔 수 없이 나쁜 공기로 변할 때가 있잖니. 나쁜 것을 좋게 바꿀 수도 있어. 세상을 씻으려면 비가 돼야 하고, 비가 되려면 하늘 높이 올라가서 먼지랑 뭉쳐야 해."

"음…, 비가 되려면 하늘 높은 곳으로 데려다 줄 바람을 만나야 되는데…."

"그보다 먼저 꽃향기를 실어다 줄 바람을 만나고 싶어."

"우리도 뭉치면 바람으로 변신할 수 있잖아."

"아직 우린 어려."

"바람이 우리를 도와줄까?"

"그러게, 바람이 리라를 아는 것도 아니고…."

"그래도 우리가 리라를 위해 한번 애써보자."

새벽이 되자, 우리는 창밖에 바람이 지나다니는 것을 보았습니다.

창문은 닫혀 있고, 푸우 아저씨는 입에서 연거푸 연기를 내뿜었습니다.

리라는 콜록 소리를 멈추지 않았습니다.

할머니가 푸우 아저씨를 힐끗 쳐다보며 혼잣말로 중얼거렸습니다.

"깨끗한 공기 나온다는 청정기인가 뭔가 돈 주고 사든지 해야지 원…."

우리는 할머니가 하는 말을 이해할 수가 없었습니다.

"들었지? 우린 공짜로 주는데 돈을 주고 산대."

"이상한 일이야."

할머니가 창문을 활짝 열어젖히자 우리는 얼른 바람 할아버지에게 몸을 실었습니다.

인사할 정신도 없을 만큼 우리 모두는 마음이 조급해 있었습니다.

나와 친구들은 두서없이 이야기를 쏟아냈습니다.

"나무숲으로 데려다 주세요."

"아니, 들판! 꽃향기가 있는 곳으로요."

"빨리 좀 달려주세요."

우리는 꽃들이 피어 있는 들판으로 가는 것이 희망이었습니다. 하지만 바람 할아버지는 엉뚱하게도 우리를 바로 건너편 베란다에 내려놓고 가버렸습니다.

"설마 우릴 여기 두고 그냥 가진 않겠지."

"그럼, 금방 돌아오겠지."

우리는 서로에게 위로의 말을 건네며 바람을 기다리기로 했습니다. 걱정도 했다가 기대도 하면서요.

베란다 안을 기웃거리다가 공중에서 흔들거리는 뭔가를 보았습니다.

"어? 뿌리가 공중으로 뻗었어."

"진짜 신기하네."

냄새를 맡아 보았습니다. 순간, 정신이 맑아지면서 몸이 가뿐해지는 것을 느꼈습니다.

때마침, 바람 할아버지가 우리를 찾아왔습니다. 우리는 곧바로 고맙다는 인사를 건넸습니다. 그리고는 바로 앞 리라네 집으로 가야만 하는 까닭을 말했습니다.

리라를 만나게 된 이야기부터 리라 아빠 푸우 아저씨 이야기, 그리고 아픈 리라 이야기, 리라의 소망과 우리의 희망까지 빠짐없이….

리라의 머리카락이 창문 밖으로 살랑였습니다. 리라는 고개를 내밀고 우리를 반겼습니다.

"공짜 선물 받으세요!"

우리는 풋풋하고 맑은 공기를 리라에게 선물했습니다. 리라의 얼굴에 환한 미소가 피어났습니다.

"아…, 좋아."

우리는 단박에 알았습니다. 리라가 우리에게 좋은 공기라고 속삭이는 것을.

2001년 한국교육신문 주최 문학공모전 단편소설 「섯달 그믐밤」으로 교원문학상 받음.

2004년 아동문학평론 동화 당선 신인문학상 받음.

장편동화 『형제는 함께 달리는 거야』.

동화집 『괜찮아 열두 살일 뿐이야』, 『기억을 팝니다』.

2019년 『괜찮아 열두 살일 뿐이야』가 베트남, 라오스, 캄보디아 3개국어로

번역되어 현지 초등학교에 보급됨.

현재 제주아동문학협회장.

p. 154 - 164

기쁨이는
기쁨이야

김정애

기쁨이는
기쁨이야

준이네 집 울타리에는 빨간 장미가 탐스럽게 피었어요. 장미 주변을 날아다니던 벌 한 마리가 열린 창문을 통해 화장실로 날아들었어요. 준이는 곤충을 좋아해요. 그래서 전에 살던 아파트보다 나비도 날아오고 벌도 날아드는 지금 집이 훨씬 좋아요. 준이는 일어나자마자 화장실에 들어갔어요. 벌을 보자 준이는 화장실에 왜 갔는지도 잊어버렸어요. 벌을 잡으려고 수건을 휘두르며 좁은 화장실을 돌아다녔지요.

동생 기쁨이는 문 밖에 서서 오빠가 나오기만 기다렸어요. 그러거나 말거나 준이는 벌만 좇아다녔어요. 하지만 벌은 창밖으로 휘잉 날아가 버렸어요.

준이는 그제야 변기 위에 앉아서 엉뚱한 생각에 빠졌어요. 또미가 학교에 간다면 어떤 일이 벌어질까를 상상하고 있었지요. 또미는 준이가 키우는 딱정벌레예요.

참다 못한 기쁨이가 소리를 질렀어요.

"오빠. 빨리 나와. 나 급하단 말이야."

밖에서 기쁨이가 징징거렸지만 준이는 공상에 빠져서 대답
조차 하지 않았어요. 얄미운 친구 녀석에겐 안 보여줄 작정이
에요. 약이 올라서 죽겠죠?

　갑자기 '으앙.' 하고 기쁨이가 울음을 터뜨렸어요.

　"기쁨아. 왜 그래?"

　엄마가 달려와 기쁨이를 살펴보았어요.

　"이런. 쉬했구나. 너."

　기쁨이는 더 큰 소리로 서럽게 울었어요.

　"넌 왜 이렇게 급해야 화장실을 가니? 다음엔 오줌이 조금
마려웠을 때 얼른 가. 알았지?"

　엄마가 이렇게 말했어요. 가만있을 기쁨이가 아니지요.

　"으흐흐흑. 나도 그러려고 했는데 으흑 오빠가 오래도록 으
흐흐흑 안 나와서 으흐흐흑 그랬단 말이야."

　"그랬구나. 괜찮아. 울지 마."

　엄마는 화를 내려다가 오히려 달래주었어요. 오줌을 싸도 동
생은 모든 것이 용서가 되나 봐요. 울기만 하
면 끝나요. 왜냐하면 동생은 엄마 아빠의 기
쁨이니까요. 만약에 준이가 울었다면 왜 아
기처럼 우냐고 한 소리 하겠지요?

　"이준. 너 뭐하냐? 빨리 나오지 못해?"

　준이는 엄마의 고함에 화들짝 놀라서
뛰쳐나왔어요. 진짜로 똥이 마려운데 또
야단을 맞게 될까 봐 꾹 참고 말이죠.

"내가 못 산다 못 살아, 넌 언제면 오빠 노릇 할래? 넌 아기가 아니잖아."

엄마는 쉴 새 없이 잔소리 폭탄을 터뜨리면서 기쁨이를 씻기고 걸레질을 했어요.

'오줌은 동생이 쌌는데 야단은 왜 오빠가 맞아야 하냐고요. 동생은 엄마 아빠의 기쁨이고 나는 엄마 아빠의 슬픔인가요?'

이런 생각이 들 즈음 엄마는 또 한 번 야단을 쳤어요.

"이 바쁜 아침 시간에 너는 도대체 왜 화장실에 가면 나올 줄을 모르는 거냐? 어?"

무슨 일인가 궁금해서 나왔던 외할머니도 한마디를 보탰어요. 시골에서 올라오셨거든요.

"어릴 때도 그러더니만 준이는 왜 화장실에서만 놀까?"

준이는 할머니의 말씀을 들으니 문득 오래된 기억이 떠올랐어요.

동생이 태어나자 아빠는 엄청 기뻐서 이름을 기쁨이라고 지었어요. 언제나 준이와 함께하던 엄마가 동생을 낳고부터는 동생밖에 몰랐어요. 엄마가 기쁨이를 재울 땐 준이는 소리도 내지 말고 걸어야 했어요. 아기가 깬다고. 소리를 질러도 안 돼요. 그때마다 준이는 마음이 쓸쓸했어요. 엄마를 뺏긴 기분이라니까요. 샘이 나서 젖병에 우유를 먹으려고 하면 엄마는 이렇게 말하면서 빼앗지요.

"그건 아가들이 먹는 거고 넌 오빠니까 안 돼."

퇴근하신 아빠도 준이에게는 건성으로 대하고 동생에게 먼저 달려갔어요.

"어이구. 우리 공주님 그새 얼마나 컸나 볼까?" 그러면서요.

어디 아빠뿐인가요? 할머니 할아버지도 자주 동생을 보러 오지요. 외할머니 외할아버지도 물론이고요. 기쁨이 기쁨이. 집 안은 온통 기쁨이로 가득 차버렸어요. 준이는 몹시 마음이 상해서 누가 올 때마다 슬그머니 화장실에 가서 숨곤 했어요.

"아이고. 우리 준이가 혼자서도 잘 노네."

아무것도 모르는 할머니가 화장실에서 혼자 노는 걸 보고 그렇게 말했어요. 그래도 칭찬을 해주니 좋았어요. 그 후로 비누 거품을 내거나 비누를 묻혀 거울에 개발 새발 낙서를 하면서 노는 것도 나쁘지 않았어요. 나한테는 아무도 관심이 없구나 하는 생각을 잊을 수가 있었거든요.

준이는 똥이 마려운 걸 억지로 참았다가 학교에 가자마자 부리나케 화장실부터 들렸어요. 아침에 야단을 맞은 것이 뱃속에 뭉쳐 있다가 다 내려간 것 같이 후련했어요.

부엌에서 고소한 냄새가 솔솔 나는 저녁때가 되었어요.

"준아. 밥 먹어야지."

엄마가 부드러운 목소리로 준이를 불렀어요.

게임에 빠진 준이는 엄마의 목소리를 들었지만 일어서지 않았어요. 주인공이 나쁜 악당들과 싸우는 장면이 너무 재미가 있었어요. 누가 이길지 궁금해서 게임을 끝낼 수가 없었지요.

"빨리 와. 밥 먹어야지."

엄마가 약간 짜증이 섞인 목소리로 두 번째 불렀어요.

준이는 여전히 못 들은 척 대답하지 않았어요. 조금만 더하면 한 단계 올라갈 수 있는 중이었거든요.

"야, 이준. 그만 일어서지 못해?"

엄마가 고함을 치면서 준이의 손에서 게임기를 빼앗아 버렸어요.

야단을 맞고 먹는 밥은 맛이 있을 리가 없지요. 의자에 삐딱하게 앉아서 숟가락 젓가락을 만지작거리며 밥을 먹는 둥 마는 둥 했어요. 기쁨이는 언제나처럼 밥이며 반찬을 맛있게 먹었어요. 그런 모습을 보고만 있을 엄마는 아니지요.

"숟가락으로 무슨 놀이 하냐?"

엄마의 표정을 살피던 기쁨이는 작은 소리로 준이에게 재촉을 했어요.

"오빠야, 빨리 먹어. 엄마 화났잖아."

"누가 동생인지 모르겠구나."

기쁨이가 누나같이 한 소리를 하자 엄마가 늘 하듯이 긴 잔소리를 시작했어요.

"공부할 때는 공부에 집중, 밥 먹을 때는 밥에 집중, 놀이할 땐 놀이에 집중해야지."

그러면서 엄마 손에 들어간 게임기는 이제 안 준다고 하네요 으흐흑.

게임기를 사용할 수 없다는 말에 준이는 화가 났어요.

"게임기는 고모가 사준 건데 왜 엄마 맘대로 해?"

"네가 한 가지 일에 집중할 때까지 게임기는 내가 보관할 거 니까 그런 줄 알아."

기쁨이는 울기만 하면 다 해결이 되는데 준이는 아무리 울고 떼를 써도 엄마는 마음을 바꿀 것 같지 않았어요. 정말 마음이 상해서 눈물이 그냥 막 흐르는데 기쁨이가 따라오며 엄마처럼 또 잔소리를 했어요.

"으이그. 오빠야. 그러니까 좀 잘 하지."

"시끄러워. 저리 가."

준이가 때리려고 하자 기쁨이는 울음을 터뜨리며 부엌으로 달려갔어요. 보나마나 엄마는 동생 울린다고 야단치겠지요?

씩씩거리며 방 안으로 들어온 준이는 자꾸만 눈물이 났어요. 무슨 일을 해도 야단만 맞는 자기가 불쌍해서죠.

준이는 마음속으로 오늘 하루 동안 일어났던 일들을 떠올려 보았어요.

아침에 엄마에게 야단맞고, 공부 시간에 선생님께 딴짓한다 고 꾸중 듣고, 꾸중만 듣다 보니 마음이 상해서 별거 아닌 일로 친구와 다투었고, 저녁 때 또 야단맞고…. 왜 나만 갖고 그래? 이 모든 것이 기쁨이 때문에 벌어진 일 같았어요.

'다 너 때문이야. 네가 없어졌으면 좋겠어.'

준이는 마음속으로 중얼거렸어요.

'이기쁨. 넌 내 슬픔이야. 아, 나는 동생으로 다시 태어나고

싶어.'

다음 날은 개교기념일이어서 학교에 가지 않았어요. 외할머니는 시골로 내려가시고 엄마는 볼일이 있어서 나가시면서 부탁을 하였어요.

"기쁨이 어린이집에서 오면 싸우지 말고 놀고 있어. 엄마가 좀 늦을 거야. 알았지?"

"알았어요. 엄마."

준이는 엄마가 외출하고 나자 오전 내내 게임에 빠져있었어요. 기쁨이가 돌아올 시간이 가까울 무렵 수영이가 와서 놀자고 했어요.

'조금만 놀아야지.'

수영이와 놀이터에서 술래잡기 놀이를 했어요. 기쁨이가 돌아올 시간이 지나가는 줄도 모르고 신나게 놀았지요.

아, 맞다. 기쁨이.

한참 놀다가 기쁨이 생각이 났어요. 준이는 부리나케 뛰어왔어요. 집으로 들어와 보니 어린이집 가방만 있고 기쁨이는 보이지 않지 뭐예요.

화가 난 엄마의 얼굴이 떠올랐어요. 기쁨이가 고자질하는 모습도 떠오르고 꾸중을 하는 엄마 목소리도 들려오는 것 같았어요.

준이는 큰 소리로 동생을 부르며 뛰어갔어요.

"기쁨아, 이기쁨."

사람들이 흘끔거리며 지나갔어요.

"하얀 티셔츠를 입은 우리 동생 못 보셨어요?"

사람들은 모르겠다며 총총 걸음을 옮겼어요. 한참을 가다가 길에서 호떡을 파는 아줌마에게 물어보았어요.

"네 동생인지 아닌지는 모르겠다만 한참 전에 여자아이가 울면서 저쪽으로 가던데….."

준이는 목이 터져라 동생을 부르며 쏜살같이 뛰어갔어요. 하지만 기쁨이는 아무 데도 보이지 않았어요.

한참 뛰어가다가 숨이 가빠서 잠시 멈추고 있는데 지나가는 할머니 두 분이 주고받는 이야기가 들려왔어요. 오토바이에 여자아이가 다쳤대요. 다섯 살쯤 된 아이래요.

"별일 없었으면 좋겠는데….."

다친 아이가 혹시 기쁨이가 아닐까 해서 가슴이 덜컥 내려앉았어요. 할머니들의 대화에 다짜고짜 끼어들어 물어보았어요.

"할머니, 그 여자아이 머리 묶었어요? 하얀 옷 입었어요?"

"그런 것 같기도 해."

기쁨이가 틀림없어. 으흐흐흐흑. 눈물이 쉴 새 없이 터져 나왔어요. 어제 없어졌으면 좋겠다는 말, 넌 나의 슬픔이라고 했던 말 때문에 벌을 받는 것 같은 생각이 들었어요.

'제발 죽지 마.'

준이는 어느 병원인지 묻지도 않고 무조건 예전에 엄마랑 갔던 소아과를 향해 뛰었어요.

병원하면 생각나는 곳이 바로 그 병원이기 때문이죠.

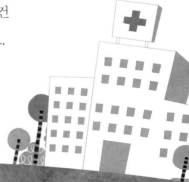

소아과를 향해 뛰어갈 때였어요. 엄마가 항상 다니는 마트 옆 계단에 쪼그려 앉은 여자아이의 하얀 티셔츠가 눈에 띄었어요.

"기쁨아."

눈물범벅이 된 기쁨이가 꾸벅꾸벅 졸고 있다가 깜짝 놀라며 '으앙' 울음을 터뜨렸어요.

"집에서 기다리고 있지 왜 나왔어? 네가 많이 다친 줄 알았 잖아. 으흐흐흑."

준이는 동생을 와락 끌어안았어요.

다치지 않고 말짱한 게 너무나 좋아서 눈물이 또 나왔어요. 기 쁨이도 오빠를 찾아 헤맨 게 서럽던지 또 왈칵 눈물을 쏟았어요.

"미안해. 기쁨이는 이제 나의 기쁨이라고 할게."

기쁨이는 무슨 말인지 몰라서 말똥말똥 쳐다보았어요. 그래 도 오빠가 오니 안심이 되어서 눈물이 그렁그렁한 채로 배시시 웃었어요.

"오빠가 없어서. 엄마랑 마트에 온 줄 알았어."

"이 멍충아. 엄마는 맨날 마트에만 가는 사람이냐?"

준이는 눈물을 닦아주며 동생의 손을 잡고 집으로 향했어요. 말랑말랑하고 포동포동한 조그만 손이 따뜻했어요.

"오빠가 내 걱정 많이 했구나."

준이는 기쁨이가 자기 마음을 알아주는 것 같아 기분이 좋았 어요.

생각해보니 혼자인 것보다는 동생이 있다는 것이 기쁜 일인 것 같기도 했어요.

'그래. 기쁨이는 기쁨이야.'

후다닥 안으로 들어가서 눈물 자국이 남아있는 기쁨이 얼굴을 씻겨주었어요. 수건으로 닦아주고 나니 마음이 뿌듯했어요.

준이도 세수를 하고 나서 거울에 비친 자신에게 마음속으로 물었어요.

'내가 오빠 맞지?'

거울 속 준이도 이렇게 말했어요.

'그럼.'

준이는 흡족해서 고개를 끄덕였어요. 문밖에서 빨리 나오라고 종알거리는 기쁨이도 사랑스러워 보였어요. 이기쁨은 이준의 동생이니까요.

1983년『아동문예』신인문학상 동화 당선.

계몽아동문학상, 제주문학상 수상.

저서『내 친구 삼례』,『검둥이를 찾아서』,『까마귀 오서방』,『다랑쉬 오름의 슬픈 노래』,

『이여도로 간 해녀』.

전 백록초등학교장.

p. 166 - 177

수현이는
헐크 대마왕

박재형

수현이는 헐크 대마왕

"누가 현주를 울렸니?"

수현이 목소리가 교실을 울렸다. 얼굴이 빨개진 수현이가 남자아이들을 둘러보며 큰소리쳤다. 순간 교실 안이 조용해졌다. 아이들이 모두 수현이를 쳐다봤다.

"누가 현주를 울렸냐니까? 왜 약한 아이를 함부로 괴롭혀? 현주가 잘못한 일 있어?"

수현이는 정말 화가 났는지 바락바락 소리를 질렀다.

현주가 책상에 엎드려 울고 있었다. 두 손으로 눈을 가리고 어깨를 들썩이면서 울었다. 현주는 걸핏하면 운다. 아니, 아이들이 현주를 울린다. 마음이 여린 현주는 대꾸하거나 대들 생각도 못 하고 눈물을 흘린다.

그런 현주를 보면서 수현이는 그냥 넘어갈 수 없었다. 마치 자신이 놀림을 당하거나 매를 맞은 듯이 아이들에게 맞섰다. 남자아이들이라고 그냥 봐주는 게 없다.

"내가 울렸다. 왜? 니가 현주 대변인이냐? 아니면 변호사?"

승철이가 능글능글 웃으며 수현이 앞에 나섰다.

"왜 잘난 체하니? 잘난 것도 없으면서."

승철이는 수현이가 얄미웠다. 여자아이들에게 무슨 일이 생기면 꼭 나서서 복수라도 할 양인지 큰소리치는 수현이가 아주 고깝게 보인다.

"너 말 잘 했다. 그래 내가 현주 대변인이고 변호사다. 어쩔래?"

수현이는 승철이가 무섭지도 않은지 목소리를 더욱 높였다.

"대변인? 그렇지 넌 대변인, 똥 싸는 사람이야."

"그럼 넌 똥 안 싸고 배 속에 넣고 다니니? 네 배가 똥배구나. 그래서 그렇게 배가 뚱뚱한 거니?"

수현이는 지지 않고 승철이를 노려보았다. 절대로 질 수 없다는 표정이었다.

배가 뚱뚱하다는 바람에 승철이는 입을 다물었다. 승철이는 고도 비만이었다.

아이들이 흥미롭다는 듯이 수현이와 승철이의 말다툼을 구경했다. 수현이가 여자아이들을 대신해서 남자아이들과 싸우는 모습은 자주 본다. 천방지축 말썽꾸러기들이 모인 교실에서 자주 일어나는 일이다. 여자아이들은 그런 수현이가 고맙고, 남자아이들은 비아냥거리는 일이 잦았다.

"누가 큰 소리로 싸우니? 싸운 놈들 뒤로 나가!"

선생님이 교실로 들어오시다가 큰 소리로 꾸중을 했다.

승철이가 얼굴이 벌겋게 되어 마지못해 뒤로 나갔다. 그러나 수현이는 제자리에서 한 발자국도 움직이지 않겠다는 표정이었다.

"선생님, 큰 소리 친 건 죄송하지만 전 잘못한 게 없어요."

수현이는 자리에서 일어서지도 않고 말했다.

선생님의 눈이 커졌다.

아이들의 눈도 똥그래졌다. 수현이의 대가 센 줄을 알았지만 선생님에게까지 대들 줄은 몰랐다.

'큰일 났네, 수현이.'

"뭐라고? 잘못이 없어? 그럼 그 이유를 나랑 친구들에게 말해 봐."

선생님이 화를 꾹 참는지 굳은 얼굴로 말했다.

아이들이 수현이 얼굴을 빤히 쳐다보았다. 뭐라고 말하려는지 궁금하다는 표정이다.

"승철이가 현주를 괴롭혀서 현주가 울었어요. 그래서 제가 현주 편을 들어준 거란 말이에요. 선생님이 항상 그러셨잖아요. 약한 친구를 돕는 게 진정한 친구라고."

수현이는 선생님께 당당하게 말했다.

"거 참."

선생님도 할 말이 없으신지 말씀을 잇지 못하셨다. 선생님은 늘 "친구를 왕따시키는 건 나쁜 짓이다. 약한 친구들을 도와줘라. 부끄러운 짓을 해서 얼굴이 붉어지는 건 사람뿐이다." 라고 말씀하셨다.

"알았다. 우리 수현이 말이 맞아. 약한 친구를 돕는 게 진정한 친구지. 이승철 너 잘 들었지? 앞으로 또 현주 괴롭히면 알아서 해."

선생님은 승철이를 보며 큰 소리로 타이르셨다.

수업이 끝나자 청소당번 아이들만 남고 아이들은 방과후학교로 갔다. 수현이는 아무 말도 하지 않고 청소기로 먼지랑 쓰레기를 치웠다. 수현이가 지나간 바닥이 깨끗해졌다. 현주도 열심히 책상을 날랐다. 아이들 중에는 청소를 할 생각도 안 하고 떠들기만 하는 아이도 있었다. 책상을 나르다가 "우당당탕!" 걸상을 떨어뜨리는 아이도 있고, 술래잡기를 하는지 교실을 이리저리 달리는 아이도 있었다. 그러거나 말거나 수현이랑 현주는 열심히 바닥 청소를 끝내고 책상을 날라 줄을 맞추었다. 수현이가 열심히 하자 아이들이 따라서 얼른 청소를 끝냈다. 그리고 아이들은 책가방을 들고 방과후교실로 떠나갔다.

수현이는 신발을 신자마자 복도를 급히 빠져나왔다. 마침 외할머니가 앓아서 누워계시니 빨리 가서 병간호나 심부름을 해야 한다.

현주가 따라왔다.

"아깐 고마웠다."

현주가 작은 목소리로 말했다.

"당연한 거지. 승철이 때문에 힘들지?"

수현이는 현주랑 얘기하면서 교문을 빠져나왔다.

"아니야, 내가 못나서 그렇지. 싸우지 마. 참을 수 있어."

"그건 아니지. 참는 게 전부가 아니야. 아무도 남을 무시할 권리가 없어."

수현이는 현주가 답답한지 안타까운 표정이었다.

"나랑 떡볶이 먹으러 가지 않을래?"

현주가 조심스럽게 말했다. 제 편을 들어준 걸 떡볶이로 갚으려는 듯했다.

"현주야, 미안해. 다음에, 할머니가 아파서 나 먼저 갈게."

수현이는 집을 향해 급히 발걸음을 옮겼다.

현주는 멀어져가는 수현이를 오래 바라보았다.

이튿날도 수현이의 목소리가 교실을 채웠다.

"저리 가. 저리 가란 말이야. 난 네가 싫어!"

"언제 내가 너에게 좋아해 달라고 했냐? 웃기고 있네."

승철이가 다시 수현이랑 싸우고 있었다. 승철이가 수현이 자리 옆에서 배구공을 튕겼다. 수현이를 골려주려고 일부러 배구공을 튕기는 것이다. 승철이의 손을 떠난 공은 마룻바닥을 밀치고 나서 튀어 오르고 다시 아래로 향하고, 다시 튀어 오르는 동작을 반복하고 있었다. 공이 마루에 닿을 때마다 통통 튀는 소리와 함께 먼지가 풀풀 날렸다. 먼지는 수현이 책상 위로 내려앉았다.

"넌 뭐든지 제멋대로구나. 넌 예의라는 걸 모르니? 부끄러운

짓이라는 걸 모르고 행동하는 걸 보니 넌 저능아야."

"뭐라고? 저능아? 그럼 넌 미치광이 헐크 대마왕이다. 전학
왔을 때부터 알아봤어. 겁도 없이 나대는 걸 보고."

승철이는 수현이를 째려보며 말했다. 지금까지 승철이에게
맞서는 아이가 없었다. 승철이는 마음만 먹으면 무슨 말이나
행동을 했지만 아이들은 모른 체하거나 참고 지냈다. 그런데
수현이는 아니었다. 승철이가 자기를 건드리기만 하면 아니 여
자아이들을 괴롭히기만 하면 싸움닭처럼 나섰다.

"…"

승철이가 헐크 대마왕이라고 하자 수현이는 어이가 없다는
듯이 말을 하지 않았다. 전학 오기 전 학교에서도 수현이의 별
명은 헐크 대마왕이었다. 여자아이들을 괴롭히는 남자아이들
을 도저히 그냥 봐주지 않아 얻은 별명이었다.

"왜 찔리는 게 있냐? 너 전학 오기 전부터 다 알아봤어."

"그럼, 넌 철딱서니 없는 개망나니구나."

"헐크 대마왕이라. 그래서 화가 나면 얼굴이 붉어졌구나. 옷
은 안 찢어지니?"

"너 정말, 못된 송아지 엉덩이에서 뿔 난다더니 넌 사람도 아
니다. 부끄러움도 모르고."

"나나 너나 피장파장이지. 헐크 대마왕."

승철이는 수현이가 소리쳐도 제 말만 하면서 몰아세웠다.

그날부터 남자아이들은 수현이에게 헐크 대마왕이라고 놀렸
다. 그러거나 말거나 수현이는 여자아이들이 괴롭힘을 당하면

나서서 맞서는 것이었다. 그런 수현이를 여자아이들은 좋아했다. 딱 한 명 미나만 빼고. 미나는 걸핏하면 나서서 고함을 지르는 수현이가 마음에 들지 않았다.

"여자는 여자답게."

늘 엄마랑 할머니가 해주시던 말이 미나의 머리에 새겨졌다. 오빠랑 다투기만 하면 오빠 편을 들며 미나를 꾸짖어 몸에 배었다.

그래서 미나는 남자처럼 설치는 수현이가 탐탁지 않았다.

'쟨 뭐야. 선머슴도 아니고.'

미나는 남자아이들과 맞서는 수현이가 맘에 들지 않았다. 그렇다고 남자아이들과 맞서 싸울 마음도 없었다. 자기를 괴롭히는 남자아이는 없었으니까.

"수현이 쟤 너무 설치는 거 아니냐? 전학 온 지 며칠이나 되었다고. 싸움 대장이라니까. 여자답지 못하게."

체육시간이 되어 운동장으로 나가면서 미나는 승아에게 수현이 흉을 보았다.

"맞아, 천방지축이지. 덜떨어진 계집애."

승아도 수현이가 거칠게 행동하는 게 마음에 들지 않았었나 보았다. 그래서 미나와 승아는 운동장으로 나가면서 흉을 본 것이다.

그걸 수현이가 들어버렸다. 바로 뒤에서 나가는 길이었다. 수현이는 아무 말도 안 하고 잠자코 걸어갔다. 그런데 승아가 무심코 뒤를 돌아보았다가 수현이를 발견하곤 팔꿈치로 미나의 옆구리를 살짝 밀면서 눈짓으로 뒤편을 가리켰다. 미나도 수현이가 뒤따라온다는 걸 알고 입을 다물었다.

아침이었다. 아이들이 하나둘씩 교실로 들어왔다. 대부분의 아이들이 깨끗한 옷을 입고 걸어왔다. 얼굴이 맑게 갠 아침 하늘처럼 밝았다.

그런데 승철이의 표적에 미나가 걸렸다.

"야, 너 얼굴이 그게 뭐냐? 화장했니? 화장했어? 화장은 미운 어른들이나 하는 거야. 나처럼 잘생긴 아이는 화장품을 바르는 거 아니다."

미나가 로션을 바르고 왔나 보다. 화장품 냄새가 난 걸 꼬투리 삼아 승철이가 미나를 붙잡고 늘어졌다. 로션은 바르고 온 아이들도 많고, 6학년 언니들처럼 정말 화장을 한 것도 아닌데. 승철이에게 붙들리면 뭐든지 트집거리가 된다.

미나는 대꾸도 하지 못하고 얼굴이 붉어졌다. 갑자기 당하는 일이라 당황했는지 쩔쩔맸다.

"아직 화장을 할 나이는 아니지."

승철이는 골려주는 게 재미있는지 미나를 붙들고 놔줄 기미를 보이지 않았다.

"저리 가. 그만하라고. 내가 로션을 바르든 화장을 하든 네가 무슨 상관이냐?"

미나가 참지 못해 승철이에게 대들었다.

"무슨 상관이냐고? 난 너랑 같은 반이잖아. 그래서 너를 지켜주는 거야. 난 어린이답지 못한 행동을 하는 꼴을 못 본다니까."

승철이는 마치 반장이라도 되는 양 미나에게 시비를 걸고 있었다. 아이들은 승철이가 미나를 붙들고 늘어진 걸 구경만 했다.

"내가 로션 바르는 거 네가 보태준 게 있니? 왜 남의 일에 귀찮게 하냐고?"

미나는 승철이가 제 자리로 가지도 않고 난리 치는 게 난처하기도 하고 창피하기도 했다. 선생님이라도 오신다면 좋겠는데 아직 출근 전이었다.

"그래서 계속 화장을 하겠단 거지? 여자가 말이야."

승철이가 딱 그 말을 한 순간이었다. 수현이가 교실에 들어서다가 그 말을 들었다.

"여자가 어떻다는 거니? 너희 엄마는 화장을 하지 않니?"

커다란 수현이의 목소리가 들렸다. 수현이는 책가방을 든 채 승철이 곁으로 다가왔다.

"넌 끼어들지 마라. 내가 한 주먹 하기 전에."

"한 주먹이라니, 할 말이 없으니까 폭력을 쓰려고? 쩨쩨하게."

수현이는 물러서지 않았다. 절대로 지지 않겠다는 표정이었다.

"또 싸움이냐? 승철이랑 수현이는 견원지간이구나."

교실로 들어서던 선생님이 어이가 없으신지 웃으시면서 말했다. 만나기만 하면 다투는 승철이와 수현이를 보며 화가 났지만 아침부터 큰소리치긴 싫었다. 또 승철이가 말썽을 피웠나

보다고 생각했다. 수현이가 아무 때나 나서는 아이가 아니라는 걸 선생님은 알고 있었다.

선생님이 들어서자 승철이와 수현이도 입을 다물고 제 자리로 가서 앉았다.

며칠 후였다. 미나 엄마가 나들이에서 돌아오신 후 탄식을 하듯이 말했다.

"참, 안됐어. 잘 살 줄 알았는데."

엄마는 한숨까지 쉬면서 나들이옷을 벗었다.

"엄마, 왜 그래요? 무슨 일이에요?"

미나는 엄마가 한 말이 궁금했다. 그래서 거푸 물었다.

"응, 오늘 동창회 갔었거든. 그런데 우리 친구 중에 가난했지만 어려서부터 똑똑한 아이가 있었거든. 홀어머니랑 살아 돈이 없어도 당당했어. 고학을 하면서 대학도 다녔고. 그런데 남편이 교통사고로 죽었대. 그 친구는 남편 대신 서울에서 일을 한대."

"많이 섭섭하겠네요."

"그렇지. 그런 친구는 잘 살아야 하는 건데. 참 딸이 있대. 아, 딸 이름이 수현이래. 외할머니댁에 와서 산다고 했어. 너희랑 비슷한 나일 텐데. 나랑 같은 해에 시집을 갔으니까."

미나는 문득 헐크 대마왕 수현이가 생각났다.

"엄마, 우리 반에 수현이란 애가 전학을 왔어요. 엄마 친구 딸이 아닐까요?"

"그렇구나. 전학을 왔대. 많이 힘들 텐데, 네가 많이 도와주

렴. 왕따 당하지 않게.”

　엄마는 정말 안되었다는 표정으로 말했다. 그 순간 미나의 입에서 웃음이 터져 나왔다.

　“왜 웃니? 우스운 일이라도 있어?”

　“아니요. 수현이가 얼마나 씩씩한데요. 남자아이들도 꼼짝 못해요. 여자아이들이 당하면 형사처럼 나타나 도와준다고요.”

　“그러니? 잘 됐다. 그렇게 씩씩하게 살아야지. 엄마를 닮았나 보다. 엄마도 그랬거든. 여자아이들의 수호천사였다니까.”

　“수현이도 우리 반 여자아이들의 수호천사예요. 지난번에 로션 발랐다고 승철이가 놀릴 때도 수현이가 도와줬어요.”

　“참 고마운 아이구나.”

　“수현이 별명이 뭔지 아세요? 헐크 대마왕이에요.”

　“그건 너무했다. 여자아이에게. 잔 다르크라고 하지.”

　“제멋대로 승철이가 붙인 별명이에요. 승철이가 여자아이를 괴롭힐 때마다 맞서서 대변인 노릇을 하니까.”

　“참 씩씩한 아이구나. 데리고 와라. 내가 맛있는 거 해줄게.”

　“알았어요, 엄마. 앞으로 많이 데리고 올게요.”

　미나는 수현이를 생각하면서 기분이 좋아졌다. 헐크 대마왕 수현이가 아주아주 멋있어 보였다.

1976년 동아일보 신춘문예 동화 당선.

세종아동문학상, 이주홍 아동문학상, 소천문학상, 방정환문학상, 박홍근문학상 수상.

『무서운 학교 무서운 아이들』,『돌아온 진돗개 백구』,『주인 없는 구두 가게』,

『노래하며 우는 새』,『제비야 날아라』,『돌거북 타고서 저승여행』,

『하늘을 울리는 바이올린』,『홍다미는 싸움닭』 등의 작품집이 있음.

p. 180 - 190

머나먼 저곳
스와니강물

송재찬

머나먼 저곳
스와니강물

　도레미 아파트를 오른쪽으로 낀 골목 끝, 이층집 지하에 혼자 사는 할머니가 있습니다. 아버지가 귀하게 되라고 박귀순이란 이름을 지어왔는데 귀하게 되기는커녕 나라에서 매달 나오는 생계급여비로 하루하루를 근근이 버티고 있습니다. 박귀순이라는 반듯한 이름 대신 집주인 아저씨는 박 할머니라 불렀습니다.

　"박 할머니 폐휴지 줍는 것까지는 제가 뭐라고 할 수 없지만 집 안에 지저분한 물건들 끌어들이지 마세요, 아셨지요?"

　집주인들의 주문은 어느 집이나 똑같았습니다. 다행히도 지금 사는 할머니 방은 건물 뒤로 돌아가야 보이고 주인집과 이웃집 담과의 거리도 여유가 있어서 이것저것 조금씩 쌓아둡니다. 값나가는 헌 옷이나 알루미늄 통 같은 거는 하나하나 파는 것보다 모아서 팝니다. 한푼 두푼 저금하는 기분까지 듭니다. 집주인이 잔소리하지 않도록 늘 깔끔하게 정리해 놓습니다. 눈치를 보며 쌓아둡니다.

박 할머니는 어김없이 새벽 5시에 일어났습니다. 어릴 때부터 잠이 없기도 했지만 다른 사람보다 일찍 일어나야 밤에 내놓은 폐품들을 차지할 수 있기 때문입니다. 폐품 수거용으로 쓰는 유모차를 밀고 집을 나와 부지런히 골드 마트 앞으로 갔습니다.

"어머나!"

박 할머니 입에서 탄성이 터져 나왔습니다. 마트 앞에는 종이 박스가 높다랗게 쌓여 있었습니다.

"할머니 오셨어요? 다른 분이 먼저 가져가시면 어쩌나 했는데 잘 오셨어요."

골드 마트 사장은 배불뚝이지만 동작이 굼뜨지 않고 항상 웃는 얼굴입니다. 박 할머니를 도와 박스를 해체하더니 차곡차곡 눌러 할머니 유모차에 실었습니다.

"놔두세요. 내가 해도 됩니다."

"운동 삼아 하는 겁니다. 어려운 일도 아니고요."

"사장님 덕분에 오늘 아침 일은 이것으로 충분하겠어요. 고맙습니다."

종이 박스를 사주는 폐품수집장은 아직 문을 열지 않을 시각입니다. 박 할머니는 천천히 집으로 향했습니다. 날이 새려면 아직 멀었습니다.

도레미 아파트를 끼고 골목으로 들어서던 할머니는 골목 중간쯤에서 유모차를 세웠습니다. 가만히 귀를 기울였습니

다. 할머니를 멈추게 한 희미한 음악이 계속 할머니 귓가로 흘러들었습니다.

'스와니강… 중학교 때 배운 노래인데. 누가 이 새벽에 피아노를 치는 걸까.'

스와니강은 계속해서 흐르듯 연주되었습니다. 박 할머니는 자기도 모르게 노래를 불렀습니다. 소리 안 나게 속으로만 부르는 노래입니다.

♬ – 머나먼 저곳 스와니강물 그리워라
　　날 사랑하는 부모 형제 이 몸을 기다려
　　이 세상에 정처 없는 나그넷길
　　아 그리워라 나 살던 곳 멀고 먼 옛 고향

　　정처도 없이 헤매이는 이내 신세
　　언제나 나의 옛고향을 찾아나 가볼까
　　이 세상에 정처 없는 나그넷길
　　아 그리워라 나 살던 곳 멀고 먼 옛 고향 – ♬

귀순이는 초등학교에 들어가서 풍금을 처음 보았습니다. 풍금을 치며 노래를 가르치는 선생님이 얼마나 위대해 보였는지 모릅니다. 노래

잘하는 귀순이를 담임이 칭찬해 주었습니다. 초등학교 6년을 다니는 동안 운 좋게도 풍금을 잘 치는 담임들을 계속 만났고 6학년 때는 학교에서 풍금을 제일 잘 치는 홍종수 선생님을 만났습니다.

아이들이 음악가라 부르는 홍종수 선생님은 선생님 중에서도 가장 풍금을 잘 쳤습니다. 학예회 때는 모든 음악 프로그램에 풍금 반주를 했고 무용하는 아이들도 홍종수 선생님의 반주에 맞추어 몸을 움직였습니다. 운동회 때도 홍종수 선생님의 풍금 반주에 맞추어 '휘날리는 태극기는 우리들의 표상이다' 같은 무용을 하였습니다. 각자 집에서 그려온 태극기를 대나무에 붙여 양손에 들고 무용하였습니다.

♬ – 휘날리는 태극기는 우리들의 표상이다.
　힘차게 약진하는 우리 대한민국이다.
　너도나도 손을 잡고 광명으로 보전하자
　청년아 나가자 민국번영에
　힘차게 울리어라 평화의 종을
　우리는 백의민족 단군의 자손 – ♬

약한 반지에 그린 태극기는 흔들 때마다 찢겨나가서 한 손에 두 개씩을 들고 무용했습니다.

박 할머니가 옛 생각에 빠져 있는 동안도 '스와니강' 연주는 아주 여리게 흘러가는 강물처럼 천천히 들릴 듯 말 듯 연주되고 있었습니다.

초등학교 6학년 때, 감이 노릇노릇 익어갈 무렵이었습니다. 이웃 마을에 사는 오빠의 친구가 귀순이네 집에 들렀습니다. 군 복무를 마치고 인사차 들린 것입니다. 귀순이 오빠보다 일 년 먼저 군복을 입은 양택구 오빠입니다. 해가 지고 있었지만 들에 간 부모님은 아직 돌아오지 않았고 귀순이는 엄마를 대신해 밥을 지었고 툇마루의 뿌연 먼지를 걸레로 훔치고 있었습니다.

"귀순아, 어른들은?"

"밭에…."

귀순이는 가슴이 두근거렸습니다. 반가운 것과는 다른 처음 느껴보는 두근거림이었습니다.

"곧 오시겠네. 기다렸다가 인사하고 갈게."

귀순이는 택구 오빠와 나란히 툇마루에 앉았습니다.

"귀순이는 커서 뭐 하고 싶어?"

택구 오빠가 이런저런 이야기를 하다 물었습니다.

"네?"

귀순이는 얼굴이 붉어지는 것을 느꼈습니다.

"장래희망 말이야."

귀순이는 그런 생각을 한 번도 해보지 않았습니다. 학교 선생님도 하지 않았던 질문입니다.

"커서 어른이 되면 뭐 하고 싶은 거, 없어?"

그때 귀순이 입에서 '음악가!'라는 말이 자기도 모르게 튀어 나왔습니다. 음악가 홍종수 선생님이 눈앞에 나타났다가 사라졌습니다. 택구 오빠가 뜻밖이라는 듯 놀란 눈으로 보았고 귀순이 가슴은 크게 뛰었습니다.

"음악가? 성악? 기악?"

귀순이는 성악이나 기악이 무슨 뜻인지 몰랐습니다. 장래희망이 뭔지 정확하게 모르지만 가장 흥미를 느끼는 게 음악이었습니다. 제일 부러운 사람이 풍금 잘 치는 홍종구 선생님이었습니다.

귀순이는 중학교에 가서야 성악이니 기악이니 하는 말을 알았습니다. 아주 열정적인 음악 선생님을 만나 도레미파솔라시도 계명을 배웠고 계명창으로 가창 실기 시험도 보았습니다. 가창 시험 때 아이들의 박수를 받았지만 자신이 음악가가 될 수 없다는 것을 이미 알고 있었습니다. 다른 예술보다 음악은 타고나야 한다는 것도 알게 되었습니다. 그러나 자기도 모르게 내뱉은 '음악가'란 말은 가질 수 없는 별 같은 보석이었지만 사라지지 않고 귀순이 마음 깊은 곳에서 살아 숨 쉬고 있었습니다. 자랄 수 없는 꿈이었지만 귀순은 버리지 못했습니다.

골목에 멈춰서서 겨우 귀 끝에 달려드는 스와니강 연주를 듣는 동안 박 할머니 입에선 다시 스와니강이 흘러나왔습니다. 미레도 미레도 도라도 솔미도레… 중학교 1학년 때 익힌 계명, 까맣게 잊었던 스와니강 계명이 저절로 떠올랐습니다. 늙은 몸

도 그때처럼 풋풋해지는 것 같았습니다. 박 할머니는 자기도
모르게 스와니강이 흘러나오는 집 대문을 가만히 밀었습니다.
박 할머니를 기다리기나 한 것처럼 대문은 소리 없이 물러섰습
니다.

　소리가 나는 곳은 박 할머니 집처럼 마당을 지나 왼쪽으로
꺾여 들어간 곳에 자리 잡은 반지하 방. 할머니가 세 들어 사는
집과 거의 같은 구조의 집이었습니다.

　반지하 창은 커튼으로 가려졌지만, 창 끝까지 가려지지는 않
아서 안이 들여다보였습니다.

　'진짜 피아노가 아니고 장난감이잖아. 그래서 소리가 작았구
　나. 고장 난 장난감인가?'

　할머니가 본 것은 멜로디언이었습니다.

　'초등학생이구나.'

　멜로디언을 연주하는 사람은 열 살쯤 되어 보이는 사내아이
였습니다.

　박 할머니는 그날부터 그 집을 그냥 지나치지 않았습니다.
새벽마다 그 집에선 스와니강이 흘러나
왔고 할머니는 누가 시킨 것도
아닌데 멈춰 서서 강물이 끝까
지 흐를 때까지 멈추어 서서 들
었습니다. 음악은 날마다 흘러
나오지 않았습니다. 흘러나올

때도 있고 아무 소리도 안 나오는 날도 있었고 전혀 모르는 곡이 먼 그리움처럼 흘러나오기도 했습니다. 이상한 것은 할머니의 귀였습니다. 그 집 앞에만 오면 저절로 걸음이 멈추어졌고 귀에는 스와니강이 흘러 들어왔습니다. 다른 음악일 때도 소리가 안 나는 날도 마찬가지입니다. 그 집 앞에만 오면 할머니의 늙은 귀가 스와니강을 연주하는 것 같았습니다.

박 할머니는 해가 돋은 후에도 그 집을 그냥 지나치지 않았습니다. 대문 안을 살피기도 하고 몰래 들어가 그 아이가 있는지 살펴보기도 했습니다. 아무리 기회를 노렸지만 아이를 만나지 못했습니다. 그러나 새벽이면 멜로디언으로 계속 다양한 음악을 연주했습니다. 그것도 아주 여린 피아니시시모(ppp)로.

그러던 어느 날 할머니는 저녁 찬거리를 사고 오다가 그 집으로 가는 그 아이를 보았습니다.

"애, 잠깐!"

대문 안으로 들어가려던 아이는

"저요?" 하며 의아한 표정으로 얼굴을 돌렸습니다.

"그래, 음악가."

"음악가요?"

"스와니강. 잘 듣고 있어. 미레도 미레도 도라도⋯."

박 할머니는 참을 수 없다는 듯 계명창까지 했습니다. 맑고 정확한 소리였습니다. 아이는 깜짝 놀란 얼굴로 물었습니다.

"그 노래 아세요?"

박 할머니와 그 아이 나찬수는 그렇게 친해지기 시작했습니다.

나찬수는 엄마와 둘이 사는데 엄마는 날이 새기도 전에 첫 버스를 타고 파출부 일을 나간다 했습니다. 찬수는 음악을 좋아해서 피아노를 배우고 싶지만 그럴 형편이 아니라는 것을 잘 알고 있었습니다. 새벽잠이 없어서 엄마처럼 일찍 일어나 멜로디언으로 연주한다 했습니다. 집주인이 야단칠까 봐 아주 작은 소리로 연주한다 했습니다.

"장래희망이 음악가야?"

"꿈은 그렇지만⋯."

"음악가가 두 손으로 해야 되는 거 아니야?"

"피아노가 없어서요. 종이에 건반을 그려 식탁에 붙이고 손가락 연습을 해요. 학교 방과 후 선생님이 피아노를 가르쳐요. 진짜 피아노 선생님은 아니래요. 집에 피아노가 있으면 더 잘 칠 수 있을 텐데."

찬수와 만나는 동안 박 할머니는 자신의 어린 시절들이 자꾸 떠올랐습니다. 60년 전 자기 자신을 보는 것 같았습니다.

'하나님, 찬수의 꿈이 이루어지게 도와주세요.'

박 할머니는 자기도 모르게 이렇게 기도하기 시작했습니다.

그날도 박 할머니는 빈 유모차를 끌고 집을 나섰습니다. 이상하게 잠이 안 와 다른 날보다 더 일찍 집을 나섰습니다.

골목은 아직 깊이 잠들어 있습니다. 아직 찬수의 연주가 시작되기 전입니다. 처음으로 들르는 골드 마트도 아직 문을 열지 않았고 주울 만한 폐품도 없었습니다. 빈 유모차를 밀며 여기

저기 살펴보았지만, 폐품은 보이지 않습니다. 어느 집 대문 밖에서 알루미늄 깡통 몇 개와 비닐도 뜯지 않은 잡지를 한 권 주웠을 뿐입니다.

'이상하다. 나보다 더 부지런한 사람이 다녀갔나? 이렇게 일찍?'

여느 날과 달리 주울 만한 게 없어 할머니는 더 멀리 유모차를 밀며 걸었습니다. 주민 센터를 지나 골목 같은 좁은 길을 걷던 할머니는 무엇에 놀란 사람처럼 숨을 멈추며 섰다가 누가 쫓아오기라도 하는 것처럼 황급히 유모차를 밀었습니다.

'피아노야! 진짜 피아노는 아니지만….'

좁은 길 연립주택 입구에 길쭉한 키보드가 버려져 있었습니다. 할머니 가슴이 높게 뛰었습니다.

'아직 쓸 만합니다. 가져가셔도 됩니다. 잘 활용해 주시면 고맙겠습니다.' 반듯한 글씨가 이름표처럼 붙어있는 키보드는 한눈에도 쓸 만한 물건처럼 보였습니다.

"아이구 고맙기도 해라. 하나님 고맙습니다."

할머니는 꽤 묵직한 키보드를 유모차에 실었습니다. 힘이 저절로 뻗쳤습니다. 이 세상 모든 것을 주운 것처럼 마음이 뿌듯했습니다.

"미레도 미레도 도라도 솔미도레…."

할머니 입에서 스와니강이 끝없이 흘러나왔습니다. 아직 잠이 깨지 않은 거리를 할머니와 스와니강이 즐겁게 흘러갑니다.

2018년 「구름왕자와 달님공주」 외 4편으로 소년해양신인문학상 수상.
어린이집 원장.
한국해양아동문화연구소, 동화섬, 보육사랑 봉사회, 제주 꽃 예술연합회 회원.

p. 192 - 197

토실이와
양양이

외 1편

윤영미

토실이와 양양이

토실이와 양양이는 사이좋게 들판에서 놀고 있었어요.

그때 어디선가 새들의 노래 소리가 들려왔지요.

"양양아, 우리 저 소리 나는 곳으로 같이 가 보자."

"그래, 나도 궁금했는데 같이 가자."

토실이와 양양이는 손을 잡고 숲속으로 뛰어갔지요.

"어서 오세요. 당신들을 환영합니다."

예쁜 요정들이 반갑게 맞아 주었어요.

토실이와 양양이는 신이 났어요.

숲 터널 안으로 조금씩 들어가자 갑자기 등에서 날개가 생기더니 몸이 둥둥 떠올랐지요.

"우와 우리가 날고 있어!"

높은 나뭇가지에 달려 있는 꽃들도 따 먹을 수 있었지요.

"꽃잎도 너무 맛있어"

조금 더 깊은 곳으로 들어가 보니 넓고 넓은 강도 보이고 별들도 반짝반짝 반겨 주는 게 아니겠어요?

토실이와 양양이는 너무 신이 나서 더 가까이 가 보았지요.

그때 구름나라 요정들이 다가와 부탁을 했어요.

"우리 좀 도와줄래?"

"어떻게 도와달라는 건데요?"

"너희들이 가지고 있는 예쁜 털들을 강물에 띄우면 돼."

그러자 강물 위에는 어느새 토끼 구름이 둥둥 떠다니는 게 아니겠어요.

양양이도 뽀얀 가슴털을 떼 내어 강 위에 뿌렸지요 .

이번에는 양떼구름들이 둥둥 떠올랐어요.

"와 신난다!"

요정들은 멋진 그림으로 도와준 토실이와 양양이에게 보답을 했지요.

"친구들아 고마워. 우리가 살고 있는 구름나라로 너희들을 초대할게."

"저희들을요?"

"그래, 너희들에게 주는 선물이야!"

그 후로 토실이와 양양이는 구름나라에서 구름공장을 만들어 오손도손 살고 있답니다.

비와 바람을
이긴 보리

참새들이 날아와서 '짹짹 짹짹 짹짹짹' 노래를 하고 있었어요.

"애들아 여기 맛있는 곡식이 있어."

참새 한 마리 두 마리 세 마리 날아오더니 어느새 열 마리 새들이 날아왔어요.

참새들은 살금살금 날아와서 보리 씨앗을 주워 먹었지요. 지켜보던 보리밭 주위의 지붕 요정들이 모두 화가 났지요.

"참새가 보리씨를 다 먹어버리면 우리 할머니가 불쌍해!"

"우리가 해 여왕님께 가서 부탁을 해보자!"

지붕 요정들은 해님을 찾아갔지요.

"해 여왕님 안녕하세요? 저희들은 저기 보이는 보리밭 옆에 사는 지붕 요정들입니다. 우리들은 항상 보리가 자라는 걸 지켜보았어요. 우리 할머니 할아버지가 정성 들여 만든 보리 씨앗을 저기 참새들이 먹어치우고 있어요. 도와주세요!"

해 여왕님이 말을 했어요.

"그래 내가 혼 좀 내줘야 되겠구나."

해 여왕님은 비에게 명령을 내렸지요.

"비 장군! 저곳에 참새들이 침입하지 못하게 비를 내리도록 하라."

"네!"

거센 비가 내리자 참새들은 겁이 났지요.

"아이구 무서워라! 왜 이렇게 비가 많이 내리지?"

"어서들 비를 피해야 되겠구나, 저기 나무 밑에 가서 비를 피하자!"

참새들은 비가 무서워서 보리밭에서 멀리 떨어진 나무에 날 아갔지요. 보리 씨앗들은 너무 고마워서 비 장군에게 반갑게 인사를 했어요.

"비 장군님! 너무 감사합니다. 저희는 비 장군님 덕분에 하루 사이에 싹이 나서 이렇게 많이 자랐어요."

참새 식구들은 그 후로 보리밭에는 가지 않았답니다.

보리는 할머니 할아버지 사랑을 받고 무럭무럭 자랐어요. 이걸 지켜보던 바람 장군이 화가 났지요.

"어디 감히 여왕님의 사랑을 받고 있다니 한 번 내가 괴롭혀줄 테다!"

바람 장군은 몰래 강풍을 데리고 보리밭을 흔들어 놓았어요.

갑자기 불어온 바람 때문에 보리들은 모두가 고개를 숙이고 옆으로 넘어지고 말았지요.

다시 지붕 요정들이 해 여왕님을 찾아갔어요.
"해 여왕님! 저 보리들을 도와주세요! 보리들이 다 쓰러지면 우리 할아버지 할머니가 속상해하세요. 제발 도와주세요!"

해 여왕님은 요술을 부렸지요.
"보리야 보리야! 앞으로 너는 고개를 숙이게 되면 곡식이 다 익은 거다!"

그 후로 할아버지와 할머니는 보리가 고개를 숙이면 보리 수확을 하게 되었고 할아버지 할머니 입가에도 웃음꽃이 피었어요.
보리밭 주변 알록달록 집들도 모두모두 환하게 웃어주었답니다.

1996년『소년문학』동화, 2004년『한국문인』수필 신인상 받음.
제주동서문학회 회장 역임, 제주문인협회 회원.
동화집『곰팡이 선생님』,『행복을 팔아요』
수필집『교육의 한자락』,『굽이치는 길에서 만나다』등이 있음.

p. 200 - 210

허수아비
삼형제

이동수

허수아비
삼형제

우리 허수아비 삼형제는 석이네 집 헛간에서 태어났습니다.

비 날씨로 밭일을 못 하시는 석이 아빠께서 우리 형제들을 탄생시키기 위해 혼자 부지런을 떠십니다.

기다란 나무들을 잘라 양쪽 팔과 다리를 만들고, 볏짚을 둥글게 감아 보자기로 묶어 머리도 만드셨습니다.

헛간 바닥에 나란히 눕혀진 우리들 몸에 준비한 옷들을 여러 겹으로 입히기 시작하면서 날씬했던 몸매가 뚱뚱보로 변해갔습니다.

형부터 차례대로 헛간 벽에 세워 놓고는 작은 나뭇가지로 코와 입을 철사로 단단히 고정시키고, 솔방울 눈도 끼워주셨습니다. 마지막으로 벽에 걸려있는 모자들을 꺼내 씌워 주시며 얼굴에 긴 입김을 불어넣어 주셨습니다.

기쁨과 환희에 젖은 우리들이 움직여 보려고 안달을 했지만 소용이 없었습니다. 아마도 우리를 탄생시키며 마술을 걸어 논 게 틀림없습니다.

“엄마, 엄마, 이리와 봐. 큰일 났어.”

헛간에 갑자기 나타난 거인들을 보고 겁이 난 아기 쥐가 숨 가쁘게 엄마 쥐를 부릅니다.

“아니, 이 화상들 언제 나타난 거지? 모두 이리로 와라.”

엄마 쥐가 두 귀를 쫑긋 세우고 앞발에 힘을 준 채 다른 식구들을 부릅니다.

큰 구경거리가 생겼다는 듯 헛간 마을 쥐들이 모두 모여들었습니다.

“이상하네? 꼼짝도 않은 걸 보니 모두 죽었어.”

“야, 죽은 사람들이 저렇게 똑바로 설 수 있니? 봐, 눈동자는 움직이는 것처럼 보이지 않니?”

“아니야, 요술할멈이 마술을 걸었어. 그 마술이 풀리면 우린 다 죽어. 괜히 건드리지 말고 빨리 집으로 돌아가자.”

모두들 한마디씩 주고받으며 걱정스런 표정들입니다.

그때 쥐 한 마리가 나의 머리 위로 펄쩍 뛰어오르더니 헐렁한 밀짚모자 이곳 저곳을 날카로운 송곳니로 쪼아대더니, 내 목까지 슬쩍 스치면서 지나갑니다.

“아야! 이놈의 쥐새끼가….”

큰 소리로 외치며 몸을 흔들어 댔지만 소용이 없었습니다.

"애들아, 올라와 봐. 내가 물어뜯어도 꼼짝 안 해. 모두 죽은 게 분명해"

발밑에서 구경만 하고 있던 다른 쥐들이 우르르 기어올라 왔습니다.

쥐들은 어깨며 팔다리를 마구 쪼아대며 숨겨놓을 것 같은 먹이를 찾아 야단법석입니다.

우리 형제들은 아픔을 참으며 빨리 날이 밝기만을 기다렸습니다.

"꼬기오! 꼬끼요오!"

새벽을 알리는 닭들의 기상나팔 소리에 눈을 떴으나 밤새 쥐들에게 시달려서 정신을 차릴 수가 없었습니다.

이른 아침 우리 형제들은 석이 아빠 경운기에 실렸습니다.

"따, 따, 따…."

새벽공기를 가르며 신나게 달리는 경운기 위에서 우리 형제는 불안감에 서로 손을 꼭 잡았습니다.

우리가 다다른 곳은 야트막한 산들이 에워싸고 있는 넓은 논밭이었습니다.

석이 아빠는 우리 형제들을 논두렁에 눕혀놓고 혼자 중얼거렸습니다.

"이 애들이 한시도 눈을 팔지 말고 날짐승들을 잘 쫓아줘야 할 텐데…."

그리곤 큰 형부터 어깨에 메고는 논밭 사이를 헤집고 동쪽으로 터벅터벅 걸어 나갑니다.

큰 형은 동쪽 끝, 작은 형은 서쪽 끝, 나에겐 논밭 가운데를 지키도록 물이 흠뻑 고인 땅에 우리 형제들을 꼼짝 못하도록 세워 놓았습니다.

워낙 넓은 논이라 고개를 쳐들고 보아도 밀짚모자 모습만 아득히 보일 뿐입니다.

작은 손들을 흔들며 벼 이삭들이 환영을 해 주었지만 혼자 외로운 나날을 보내야 된다고 생각하니 슬픔이 앞섰습니다.

온종일 들판을 노닐던 해님이 나지막한 언덕을 넘었습니다.

시커먼 땅거미가 깔리기 시작하면서 덜컥 겁이 난 나는 큰 소리로 형들을 불렀습니다.

"큰형…."

"작은형…."

서로 아련히 모습은 볼 수 있지만, 먼 곳에 떨어져 있어 부르는 소리가 들릴 리가 없습니다.

밤하늘에 놀러 나온 별님, 달님을 벗 삼아 하룻밤을 뜬눈으로 새웠습니다.

아침 햇살에 비친 형들의 모습도 매우 피로하게만 느껴졌습니다.

온종일 혼자 우두커니 서 있자니 정말 갑갑해 죽을 지경입니다.

마침 곁을 지나는 바람 아저씨를 붙들고 사정을 했습니다.

"바람 아저씨, 우린 며칠 전 이곳에 이사를 온 형제들이에요. 아저씨가 보다시피 마술에 걸려 조금도 움직일 수 없고, 멀리 떨어져 있어 형제들의 모습도 제대로 볼 수가 없어요. 우리들의 이야기들을 좀 전해 주실 수 없는지요?"

고개를 갸우뚱거리며 나를 뚫어지게 쳐다보시던 바람 아저씨가 머리를 쓰다듬어 주시며

"참 딱도 하지. 내가 가볼 곳이 많아 매우 바쁘지만 불쌍한 너희 형제들의 친구가 되어 줄 테니 염려하지 마라."

그날 이후 우리는 바람 아저씨 덕택으로 서로의 안부를 물으며 지낼 수 있었습니다.

바람 아저씨는 가끔 짓궂은 장난으로 우리들을 넘어뜨리려 할 때도 있었지만 해님, 달님, 별님과 같이 좋은 친구가 되어 주었습니다.

어느새 논밭에 벼 이삭 친구들의 고개가 무거워지기 시작하면서, 파랗던 들판도 조금씩 누런색으로 물들기 시작합니다.

덩달아 우리 형제들의 일손도 바빠지기 시작했습니다. 논밭 주위론 동그란 눈을 밝힌 날짐승들이 하나, 둘 모여듭니다.

특히 아침이면 날짐승들은 밤새 굶주렸는지 눈망울 초점이 흐려져 있습니다.

"애들아, 내가 하나, 둘, 셋 신호하면 한꺼번에 달려드는 거야. 알았지?"

깃털을 꼿꼿하게 세우고 위엄을 부리며 대장 참새가 부하들을 지휘합니다.

"아이, 무서워. 저기 사람이 떡 버티고 있잖아. 그러다 잡히면 어떻게 해. 난 여기 있을래."

"이 겁쟁이야. 넌 그러다 굶어 죽어. 위험하더라도 달려들어 먹고 와야지."

우리 형제들이 떡 지키고 있는 논밭을 참새들이 주저주저하면서 얼른 달려들지 못합니다.

"애들아, 저 사람들은 밤새 일을 했는지 아직도 깊은 잠에 빠져있는 것이 분명해. 저렇게 꼼짝도 안 하니 기회는 지금이야. 자 돌격!"

대장의 신호에 따라 수십 마리의 참새들이 조그만 눈망울을 굴리며 날아와 사정없이 벼 이삭들을 쪼아 먹습니다.

"아야, 아야…."

여기저기서 벼 이삭들의 신음소리가 온 들판을 메아리칩니다.

"애들아, 너희 형제들은 뭘 하고 있는 거야. 벼 이삭들의 신음소리가 들리지 않아?"

급히 달려 온 바람 아저씨가 우리 형제들을 마구 흔들어 깨웠습니다.

"아차, 깜빡 잠이 들었었네. 워이. 워이…."

우리 형제들이 일제히 고함을 지릅니다. 그러나 우리들의 함성도, 허우적거리는 기다란 두 팔도 아무런 소용이 없습니다.

참새들은 우리 형제들을 조롱하듯 유유히 논밭을 휘젓고 다

니며 벼 이삭들을 쪼아 먹습니다.

이튿날 아침 석이 아빠가 논밭에 나오셨습니다. 참새떼들이 난장판을 치고 도망친 논밭을 바라보며 긴 한숨을 몰아쉬십니다.

'도대체 이 녀석들은 무얼 한 거야. 안 되겠어. 싹 걷어치우고 다른 방법을 생각해봐야겠어.'

무척이나 화가 난 석이 아빠가 무서웠습니다.

"어휴, 무서워라. 바람 아저씨, 빨리 형들에게 조심하라고 전해주세요."

이 사실을 빨리 알려 달라며 사정을 했습니다.

우린 하루하루가 바늘방석에 앉아있는 것처럼 불안한 나날이 계속되었습니다. 그러던 어느 날 바람 아저씨 편에 큰형이 소식을 전해 왔습니다.

"애들아, 우리 형제들이 이렇게 피를 말리는 고생만 하지 말고, 우리도 마음대로 움직일 수 있도록 하느님께 기도하자꾸나. 우리 삼형제의 기도소리가 하늘에 닿은 날 우리 소원이 꼭 이루어질지도 몰라."

"큰형, 그래요. 아주 좋은 생각이에요. 작은형에게도 잘 타이르세요."

나는 바람 아저씨의 커다란 옷자락을 붙들고 나의 결심을 빨리 전해 달라고 사정을 했습니다.

바람 아저씨가 바쁘게 다녀가신 들판은 잠시 조용해졌습니다.

그날 이후 우리 삼형제는 낮과 밤을 가리지 않고 열심히 기도를 하기 시작했습니다.

"하느님, 저희들에게 힘을 주십시오. 하루 종일 논밭에서 한 발도 움직일 수 없는 우리들이지만, 이 세상에 태어난 보람을 가질 수 있도록 힘을 주십시오. 지금도 저희들을 깔보고 날뛰는 날짐승들이 보이지 않습니까? 저들을 쫓을 힘을 저희들에게 주소서."

우리들의 기도는 계속되었습니다.

온통 먹구름이 하늘을 가려 별님들의 나들이조차 막아버린 캄캄한 밤에도, 천둥 번개와 함께 쏟아지는 빗속에서도 기도는 그칠 줄 몰랐습니다.

그러던 어느 날, 동녘 숲 사이로 비친 해님의 기다란 꼬리가 우리 삼형제의 온몸을 감싸돕니다.

따스한 열기가 온몸에 퍼지면서 팔다리가 조금씩 움직이기 시작합니다.

조그맣던 목소리도 점차 커집니다. 우리들의 기도가 하늘에 닿은 모양입니다.

우리들은 너무 신기해서 걸음마를 배우는 아가처럼 조심스럽게 한 발, 한 발 발걸음을 옮겨놓기 시작했습니다.

우린 포근한 햇빛이 쏟아지는 야트막한 언덕에 모였습니다.

우리 삼형제는 처음으로 얼싸안고 신나게 춤을 추었습니다. 푸짐한 상차림도 없고, 축복해 주는 이도 없지만 마냥 즐겁고 기쁘기만 하였습니다.

그러다 푹신한 잔디밭에 벌렁 드러누워 그간 못다 한 이야기꽃을 피웠습니다.

　얼마나 시간이 흘렀는지 모릅니다. 큰형이 눈물을 글썽이며
입을 열었습니다.

　"하느님께서 우릴 움직일 수 있도록 해 주신 것은 이 세상에 태
　어난 보람을 남기도록 해주신 거야. 우리 주위엔 이 세상에 태
　어난 보람도 없이 그냥 사라져버리는 것이 얼마나 많은데…."

　"그래, 맞아요. 우리 힘으로 벼 이삭을 보호하고 석이 아빠에
　게도 은혜를 갚기 위해 열심히 일해요."

　둘째 형과 나도 큰형의 의견에 따를 것을 다짐했습니다.

　땅거미가 들판을 수놓을 때야 우리 형제는 제 위치로 돌아갔
습니다.

　다음 날부터 우리 형제들의 일손이 매우 바빠졌습니다. 평화
를 찾은 들판엔 벼 이삭들이 속살을 꽉꽉 채우면서 즐거워 서
로 머리를 비벼댑니다.

　착하다며 칭찬해 주시는 석이 아빠의 손길도 부드럽습니다.

　이제야 우리들은 이 세상에 태어난 보람을 듬뿍 안고 살아가
게 된 것입니다.

어느새, 가을걷이가 한창입니다. 이곳저곳에서 풍년을 알리는 풍악소리가 하늘과 땅을 울리면서 날짐승들과의 전쟁도 끝이 났습니다.

짧게 살다가 깊은 잠에 빠져버릴 우리 형제들의 운명이지만, 그간 열심히 살아왔습니다.

넓은 논밭에는 이제 남아 있는 것이라곤 입고 있던 옷들이 낡아 너덜너덜해진 우리 형제들의 볼품없는 모습뿐입니다.

큰형과 작은형이 내가 서있는 논밭 가운데로 다가왔습니다. 우리 삼형제가 서로 어깨동무를 하며 감사의 기도를 드립니다.

"너희들 참 고생 많았어."

언제 달려왔는지 바람 아저씨가 우리들의 어깨를 토닥토닥 어루만져 줍니다.

'아무 말 없이 남을 위해 봉사하며 사는 것이 이렇게 기쁠 줄이야. 우린 앞으로도 그렇게 살아갈 거야.'

서로 다짐하며 맞잡은 따스한 손 위로 바람 아저씨의 따스한 손길이 보태지면서 우리 삼형제는 깊은 잠 속으로 빠져들었습니다.

「가슴동생 송이」로 대한민국 행복 나눔 문예콘텐츠 공모전에서
산문 부문 금상을 받으며 등단.
미디어 교육을 전공하고 관련 교육을 하면서 수집한 일화를 엮어
2018년 『아스팔트에 개미도 살고 있어!』를 발표했음.
현재 제주 서귀포에서 작업하고 있음.

구멍 속의
아기새

이원경

구멍 속의
아기새

    유빈이는 참 예쁜 집에 살고 있습니다. 제주 바다가 훤히 보이는 앞마당에는 유빈이 키보다 몇 배는 큰 느티나무가 서 있습니다. 느티나무 그늘 아래는 유빈이의 아지트입니다. 그곳에서 유빈이는 소꿉장난을 했고, 친구들과 깔깔대며 이야기도 합니다. 요새는 이제 6학년인 유빈이가 느티나무 아래서 책을 읽습니다. 그런데요, 유빈이 옆에는 항상 할머니가 계십니다. 바쁘신 부모님 대신 할머니는 늘 살뜰하게 유빈이를 돌봐주십니다. 할머니 무릎을 베고 제주의 파란 하늘을 보며 책을 읽는 것이 유빈이에겐 가장 큰 행복입니다.

    "난, 할머니가 정말 좋아! 할머니 오래오래 살아야 해!"

    "뭐라? 요, 요망진 것."

    유빈이의 말에 할머니는 함박웃음을 지으며 말씀하십니다. 오늘은 유빈이가 쓸쓸합니다. 할머니가 시내 병원에 가시는 날이거든요. 그래서 오늘 유빈이는 느티나무 아래서 책을 읽으며 할머니를 기다리고 있었습니다. 오늘 아마도 급식을 많이 먹은

탓이겠지요. 책

을 읽는 두 눈이

스르르 감깁니다.

깜빡 잠이 들었던 유빈

이는 이상한 소리에 눈을 떴

습니다.

어디선가 병아리 울음인지, 참새 울음인지 모를 작

은 새소리가 들리는 것 같았습니다. 느티나무가 푸른 잎으로

무성해지면 어디선가 새들이 날아와 자리를 잡고 울어댔습니

다. 유빈이는 고개를 젖히고 느티나무 가지 위를 보았습니다.

그때 또 소리가 났습니다. 그 소리는 크지는 않았지만 아주 가

까이서 나는 소리였습니다. 유빈이는 주변을 살피기 시작했습

니다. 열심히 느티나무 주변을 이리저리 살피던 유빈이의 눈에

이상한 구멍이 눈에 띄었습니다. 유빈이는 전에 본 적이 없는

구멍을 발견하고는 가까이 갔습니다.

'어, 언제 우리 나무에 이런 구멍이 생겼지?'

유빈이는 구멍 가까이 눈을 갖다 댔습니다. 한쪽 눈은 질끈

감고 최대한 눈을 크게 뜨고 구멍 안을 보았습니다. 구멍 안

을 본 유빈이는 너무 놀라 뒤로 자빠지면서 엉덩방아를 찧었

습니다.

'아~아니, 저게 뭐야?'

유빈이가 본 구멍 속의 정체는 끔찍한 것이었습니다. 무슨 뼈

다귀가 있고 그 뼈다귀 가운데에 아주 어린 새끼 새들이 옹기

종기 있었습니다. 유빈이가 들은 소리는 그 어린 새들의 소리였습니다. 너무 놀란 유빈이가 느티나무 아래 엉덩방아를 찧은 채로 꼼짝도 하지 못하고 있을 때 할머니가 병원에서 오셨습니다.

"아니, 유빈아! 너 뭐하고 있니?"

"아, 하, 할머니 왔어? 여기 구, 구멍 안에 이상한 게 있어요."

"갑자기 뭔 구멍 타령이냐?"

할머니도 아까 유빈이가 그런 것처럼 구멍 가까이 한쪽 눈을 갖다 댔습니다.

"아, 아니!"

아까 유빈이가 지른 소리보다 몇 배는 큰소리로 고함을 지르셨습니다. 그리고 지금까지 유빈이가 한 번도 본 적이 없는 할머니의 얼굴이 유빈이 눈앞에 나타났습니다.

"어느 눔이, 이런 짓을 했어! 어린 새끼 어미를 누가 이렇게 했어!"

할머니는 우는 건지, 화를 내는 건지 모르는 소리를 냈습니다. 그리고는 갑자기 집으로 들어가 기다란 집게를 가져왔습니다.

"할머니! 뭐 하려고? 왜 그래? 할머니 무서워!"

"살려야 해, 어미 없는 새끼들을 살려야 한다고!"

그리고 할머니는 구멍 속으로 집게를 넣

어 정체 모를 어린 새들을 차례로 꺼냈습니다. 새끼는 총 7마리였습니다. 이 어린 새끼를 감싸고 있었던 것은 아마도 새끼들의 엄마가 아닐까요?

할머니는 아픈 허리를 세우고, 짧은 팔을 허우적거리며 7마리의 새끼를 그 구멍에서 다 꺼낸 다음 땅바닥에 털썩 주저앉았습니다. 할머니의 얼굴은 파란 듯이 하얗게 질려 있었습니다. 그리고 좁은 구멍으로 팔을 넣은 탓에 팔에는 상처가 났습니다. 상처에서 피가 흘렀습니다. 유빈이는 얼른 집으로 들어가 연고를 가져왔습니다.

"할머니, 피가 나! 할머니 왜 그래. 그깟 아기 새 꺼내려고 할머니만 많이 다쳤잖아. 이힝."

"그깟 아기 새? 유빈아! 그런 말이 어딨어! 세상에 엄마 잃은 아기가 제일 처량하고 불쌍해!"

할머니는 힘은 없지만 단호한 목소리로 말합니다. 유빈이는 생전 처음 보는 할머니의 이런 반응이 이상했습니다.

다음 날부터 할머니의 관심은 오로지 그 아기 새들한테만 있는 것 같습니다. 유빈이가 학교를 간다고 몇 번을 큰 소리로 말해도 할머니는 건성으로 대답을 합니다. 학교에 다녀와서 할머니를 부르며 달려와도 할머니는 매일 아기 새들만 바라보고 있습니다. 오늘이 벌써 일주일째입니다. 이제는 유빈이가 단단히 할머니한테 화가 났습니다. 괜히 구멍을 봐서 아기 새에게 할머니를 뺏긴 것 같아 후회가 됩니다.

유빈이는 아기 새만 보고 있는 할머니가 싫어서 느티나무 아래도 가지 않고 방에 틀어박혀 있었습니다. 답답한 방 안에 있으려니 느티나무 아래, 바다가 보이는 풍경이 눈앞에 아른거립니다. 자꾸 짜증만 납니다. 유빈이는 읽던 동화책을 바닥에 휙 던지고 이불 위에 벌렁 누웠습니다. 그때 할머니가 유빈이 방으로 들어왔습니다.

"할머니, 뭔데 왜 내 방에 들어오는데! 나가 할머니!"

"요, 요망진 것. 할미 강아지가 왜 이리 화가 났누?"

"치, 할머니는 이제 아기 새 할머니만 해. 내 할머니는 하지 말구!"

"호호, 우리 유빈이 많이 화가 났구나~ 근데 유빈아 할미가 할 이야기가 있는데~"

할머니는 유빈이 옆에 유빈이처럼 벌렁 누우셨습니다. 그리고 이야기를 시작했습니다.

"유빈아! 할미가 왜 저 아기 새한테 이렇게 정성을 쏟는지 아누?"

"그걸, 내가 어떻게 알아!"

"음, 이 할미도 저 아기 새 같은 처지였더랬어. 그 구멍 속으로 엄마 뼛속에 처량하게 남겨진 아기 새를 보니까, 벌써 70년도 넘은 그때 생각이 났어."

할머니 눈 옆으로 한 줄기 눈물이 흐릅니다. 할머니는 제주 4·3사건 때 할머니의 아버지를 잃었다고 합니다. 해녀였던 할머니의 엄마가 막 물질을 하고 나오셨는데, 할아버지가 군인한 테 끌려가는 것을 보고 잠수복도 벗지 않고 달려가 군인 바지 를 잡았다고 합니다. 그 순간 군인은 가지고 있던 총으로 할머 니의 엄마를 내리쳤다고 합니다. 그 일로 며칠간 심하게 앓던 할머니의 엄마는 그만 하늘나라로 가셨다고 합니다. 그때 할머 니의 나이는 고작 5살이었다고 합니다. 아무것도 모르는 5살 할머니는 더 어린 두 동생을 안고 너무 무서워 벌벌 떨면서 엄 마도 차마 부르지 못했다고 합니다.

유빈이는 담담하게 이어지는 할머니의 말을 들으며 학교에 서 배웠던 제주의 아픈 역사를 생각했습니다. 아! 유빈이가 세 상에서 가장 사랑하는 할머니가 바로 역사 속 이야기 주인공이 라는 것이 잘 믿기지 않았습니다. 이제 유빈이의 눈에서도 할 머니처럼 한 줄기 눈물이 흐릅니다.

"할머니, 미안해요. 난 그런 줄도 모르고 괜히 할머니한테…."

"아니다. 유빈아. 할미도 미안하다. 유빈이 신경 못 써줘서."

"근데, 유빈아! 세상에서 어떤 이유에서라도 어미가 없는 새끼 가 제일루 불쌍하다. 우리 저 아기 새들 잘 키워서 보내주자!"

유빈이는 할머니의 말에 고개를 크게 끄덕였습니다. 이제 아 기 새는 제법 많이 컸습니다. 아기 새도 할머니의 정성을 아는 지 할머니 뒤만 졸졸 따라 다닙니다. 유빈이는 아기 새가 자기 를 두 번째로 좋아하는 것 같아 또 질투가 납니다. 할머니는 말 씀하십니다. 이제 아기 새가 할머니 품을 떠날 날이 얼마 남지 않았다고요.

오늘은 유빈이와 할머니한테 기쁘고도 또 슬픈 날입니다. 왜 냐하면 오늘 아기 새를 다시 산으로 보내는 날이기 때문입니 다. 이제 제법 커서 날갯짓도 잘하게 된 아기 새를 유빈이 집 가까운 오름에 놓아주기로 했습니다. 학교에서 오자마자 유빈 이는 할머니와 아기 새를 넣은 새장을 들고 가까운 오름으로 갔습니다. 파란 하늘이 푸르른 나무 사이사이 보입니다. 이곳 에서 이제 아기 새들이 엄마 없이도 잘 살아갈 거라고 할머니 가 말씀하십니다.

"아가야! 이제 씩씩하게 잘 살아야 한다. 그래야 네 엄마도 하늘에서 아주 좋아하실 게다. 잘 할 수 있지?"

할머니는 마치 70년 전 어린 할머니에게 말씀하시는 것 같 습니다. 엄마 없이 동생과 헤쳐 온 세월의 슬픔이 아기 새의 날 갯짓에 실려 날아갈 것입니다. 그럼 우리 할머니는 더 행복해 지겠죠?

'우리 할머니를 잊지 말아줘! 우리 할머니의 슬픔을 가져가 줘! 그리고 잘 살아!'

유빈이는 힘찬 날갯짓을 하며 날아가는 아기 새의 날개에 소 원을 실어봅니다.

제24회 새벗문학상 수상.
동화집으로『내 이름은 아임쏘리』, 그림책으로『도깨비 대장이 된 훈장님』,
『똥돼지』,『고래나라』,『노리의 여행』,『세한도』,『동백꽃』등.
현 한라일보 칼럼리스트.

THE ROAD 109

(온정이)

장수명

THE ROAD 109
(온정이)

I. 엄마

교문 밖에 엄마가 보였다. 엄마는 꽤 오랫동안 온정을 기다린 듯 보였다.

"온 • 정 • 아."

바싹 마른 입술은 하얗게 각질을 일궈내고 있었고, 얼굴은 마른 멸치의 건조한 표면처럼 까실까실해 보였다. 엄마를 흘낏 건네다 본 온정이 고개를 푹 숙여 땅만 보고 걷는다. 엄마는 주머니에서 오만 원을 꺼내 온정의 가방에 찔러 넣어준다.

"이걸로 먹을 거 사 먹어. 며칠 있다가 또, 올게."

엄마는 아무 말 없이 물끄러미 올려다보는 온정의 이마로 흘러내린 머리카락 몇 가락을 걷어 올려준다.

'눈빛이 촉촉하게 젖어 있는 엄마.'

뾰족 쇠사슬에 걸린 것 같은 알았다는 쇳소리를 목구멍 밖으로 겨우 끌어올리고는 온정이 고개를 툭 떨군다. 가늘고 거친

손이 주머니 속에 숨은 온정의 손을 움켜잡는 듯 만지작거린다.

"온정아, 알았지? 알지?"

대답 대신 온정은 또 고개를 꾹꾹 떨어트린다. 엄마 손도, 목소리도, 발걸음 그 소리도 귓전에서 멀어지고 있었다.

'엄마, 엄마, 엄마아….'

신호등 앞에 멈춰 선 엄마. 초록불빛을 받고 잰걸음으로 총총히 건너가는 작고 작은 엄마의 후줄근한 뒷모습을 보는데 저도 모르는 눈물이 얼굴을 타고 빗물처럼 흘러내렸다. 가슴이 코콕 막히고 숨길이 찢어지는 것처럼 아팠다.

12살 어린 온정의 세상은 너무 빨리 허물어지고 있었다.

주머니에서 엄마가 준 오만 원을 꺼내들고 은행에 가서 예금을 한 온정이 달린다.

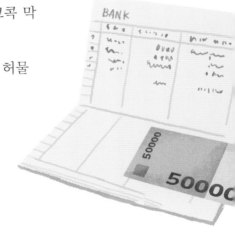

2. 밥은 차별이 없다

어둠이 짙은 방 안이다. 방으로 들어서자마자 온정은 컴퓨터 앞에 바싹 다가앉아 자판기를 누른다.

-컵라면, 된장, 고추장-

조금 전에 엄마가 준 돈으로 인터넷쇼핑몰에서 먹을거리와

생필품을 주문했다. 온정이 사는 이곳은 한 평이 겨우 될까 말까 한 작은 공간이다. 방들이 다닥다닥 붙어 있는 이곳을 사람들은 인간케리어라고 부른다. 이곳에서는 원칙적으로 음식을 할 수가 없다. 심지어 난방제품도 사용하지 못하게 하고 있다. 그래서 온정이는 아주 추운 날은 헤어드라이기로 옷, 이불, 제 온몸 구석구석에 뜨거운 바람을 쐬어주고 잠을 청한다. 그럼 덜 춥고 잠도 잘 온다. 그런데 다른 방에서는 규칙을 어기고 음식을 하는 모양이다. 밥 냄새 찌개 냄새가 풍긴다. 그도 그럴 것이 주인은 아주 가끔 들러서 관리만 하고 금방 간다. 그래서 사람들은 그때만 잘 피하면 된다고 했다. 위험하다고 엄마는 온정에게 절대, 절대 안 된다는 당부를 수도 없이 했다.

그런데 오늘은 유난히 배가 고프다. 주문한 컵라면은 빨라도 내일은 되어야 오는데 말이다.

낮에 본 엄마를 떠올리면서 이불 속에 누웠던 온정이 일기장을 편다.

일기장에는 배고프다는 이야기도 엄마가 없다는 이야기도 혼자 이 쪽방에서 산다는 이야기도 절대 쓰지 않는다. 오늘 일기는 제목은 '밥은 차별이 없다.'

금요일 겨울바람이 콧속으로 후욱 들어왔다.

제목: 밥은 차별이 없다.

오늘 일기는 선생님이 급식에 관한 글짓기를 해오라고 해서 쓴다.

급식시간.

아이들이 급식실로 짝을 이루고 간다. 나도 짝꿍 미소와 잰걸음으로 급식실로 향했다. 언제나 느끼는 거지만, 나는 빨리 밥을 먹고 싶어서 급식실로 가는 걸음이 빠른데, 미소는 언제나 느리다.

"미소야, 빨리 가자!"

"왜에 천천히 가도 다 먹어. 천천히 가자. 나는 빨리 걷기 싫단 말이야."

'좀 빨리 걷지···.'

미소와 보조를 맞춰 걸으며 급식실에 도착했다. 색색의 반찬들과 하얗고 노란 잡곡밥이 눈에 들어온다. 벌써, 침이 고이며 꿀깍 침이 넘어간다.

'못 참겠어. 아, 좋아~!'

나는 급식시간만큼 공평한 시간은 없다고 생각한다.

왜냐하면, 같은 시간에 같은 식판으로 같은 반찬과 같은 밥을 모두 똑같이 나눠 먹으니까. 심지어는 숟가락 젓가락까지 똑같다. 물론, 더 많이 먹는 아이와 남들보다 더 적게 먹는 아이는 있겠지만, 그건 스스로 선택하는 것이지, 누구의 간섭을 받아서 그러는 것이 아니다. 그러니 급식시간은 정말 공평한 시간이다. 그래서 나는 급식시간이 제일 좋다. 게다가 내가 좋아하는 반찬이 나오는 날은 정말 행복하고, 그런 날은 정말 내 생일하고 싶다.

그런데 가끔 친구들 중에 반찬이 맛이 없다거나, 밥이 먹기 싫다고 수군거리고 투정을 부리는 친구들이 종종 있다. 그런 친구들을 볼 때면 정말 머리에 꿀밤을 한 대 주고 싶다.

그처럼 맛있는 밥을 먹으면서 그런 투정들을 하다니···, 아프리카 아니 아직도 밥 한 끼 먹기 힘든 사람들이 얼마나 많은데 말이다.

급식시간만큼 밥은 언제나 공평하다. 차별 없는 밥이 나는 참 좋다!

일기를 덮고 온정이 이불 깊숙이 몸을 넣는다. 엄마가 결혼할 때 해 온 목화솜이불이다.

'이 이불은 엄마가 결혼할 때 외할머니가 목화솜으로 직접 만들어 준 이불이야. 그래서 더 무겁고 따뜻하지.'

엄마는 이불 속에 누울 때마다 말했다.

그 때문인지 온정도 이불 속에 누우면 기분이 좋다. 마치 엄마 품에 안긴 것처럼 따뜻하고 엄마 냄새가 나는 것 같아서 말이다.

'아, 배고파⋯. 빨리 잠들어야겠다.'

엄마 냄새를 찾아 목화솜 이불 깊숙이 파고든 온정이 어느새 잠이 들었다.

3. 컵라면

좌아악~!

하마터면 물벼락을 맞을 뻔했다. 그러지 않아도 추워죽겠는데 등굣길 아침부터 누가 물을 휙 뿌렸다. 간신히 몸을 피한 온정에게 미안하다는 말도 괜찮으냐고 묻는 말도 하지 않고 등살과 허릿살이 울룩불룩하게 출렁이는 덩치 큰 아줌마가 가게 안으로 쑥 들어가 버린다.

"못됐어. 어른이면 단가?"

온정은 혼잣말을 중얼거리면서 금방 뺀질뺀질 살얼음으로

얼어붙은 물자국을 바라보며 가게 안을 본다. 뭘 보느냐는 듯, 못 본 체하는 어른 아줌마가 눈에 들어왔다.

'나는 저런 어른은 안 될 거야.'

"온정아!"

미소다. 뽀얀 얼굴에 민트색 패딩을 입고 털이 보송하게 들어간 워커를 신은 미소는 정말 예쁘다.

"괜찮아?"

"응. 봤어?"

하마터면 이 추운 날, 큰일 날 뻔했다며 미소가 온정을 걱정해 준다. 고개를 끄덕였다.

"너 안 추워?"

"으응, 조금….."

낡은 파커가 있었는데, 그것마저도 올해부터는 작아져서 안 맞았다. 여러 겹 겹쳐서 입긴 했지만, 겨울바람이 살 속으로 쏙쏙 파고드는 걸 미소는 눈치챘나 보다.

"나, 안 입은 패딩 하나 있는데, 엄마한테 물어보고 너 줄까?"

"그래."

온정이 반긴다. 미소가 주는 것은 언제나 괜찮다. 다른 아이들이면 모르겠지만, 일학년 때부터 미소랑은 계속 같은 반이었고, 변함없이 미소의 마음은 따뜻했다.

종례를 마치고 선생님이 온정일 불렀다.

"온정아, 일기 잘 썼더라. 나중에 커서 작가해도 되겠다.

칭찬!"

선생님이 환하게 웃으시며 온정에게 일기를 워드쳐서 달라고 했다. 글짓기 대회에 보내겠다고 하신다.

"와~, 정말요? 선생님!"

온정이 소릴 질렀다.

학교 컴퓨터로 일기를 좀 더 잘 정리해서 선생님께 드리고, 온정인 인간케리어라 불리는 집으로 타박타박 걸어왔다. 차가운 겨울바람을 맞고 온 탓인지 역시 집이 제일 좋다.

문 앞에 어제 배달시킨 물건들이 와 있었다.

"혜."

온정이 컵라면 박스와 된장, 고추장, 생필품 몇 가지가 든 짐꾸러미를 방으로 밀고 들어왔다. 컵라면이 총총히 든 박스를 열고 온정은 한참 동안 눈을 못 뗀다. 보기만 해도 좋다. 게다가 이번엔 된장, 고추장까지 샀다. 그 두 가지만 있으면 밥은 언제나 꿀맛이다.

"부자다."

먹고 싶은 마음에 침이 고여 꼴깍 넘어간다. 온정이 고추장 뚜껑을 열고 속껍질을 조심스레 열어 검지손가락으로 빨간 고추장을 콕 찍어 입에 넣는다. 달콤매콤한 고추장 맛과 알큰한 고추장 냄새가 입맛을 돋운다. 하지만 아껴 먹어야 한다. 물 한 모금 물고 온정이 이불 속으로 들어가서 누웠다. 자꾸 배가 고프다는 생각이 머릿속을 맴돌아 잠이 들지 않았다.

"먹을까?"

"아니야, 학교 안 가는 날 먹어야 해."

혼잣말을 주고받는다.

학교 안 가는 날이면 급식을 못 먹으니까 온정은 종일 배가 고팠다.

'오늘은 참고, 학교 못가서 진짜 배가 고프면 먹어야지.'

그렇게 저와 실랑이를 하던 온정이 동그랗게 제 몸을 깊이 감싼 채 깊은 잠에 빠졌다.

4. ROAD 109

뜨겁다. 가슴이 꼭꼭 막힌다. 이상하게 눈이 안 떠진다. 뜨거움은 느껴지는데 잠에서 깨어나지 못했다. 뜨거운 건지, 따뜻한 건지 모르겠다. 자꾸 숨은 막히고, 숨이 뜨겁다. 온정은 새우등을 하고 이불을 잔뜩 말아 쥔 채, 숨을 쉬고 있는지조차 모르게 이불 깊숙이 누워있었다.

어떻게 된 일인지 모르겠다.

온정은 밖으로 나와 있었다.

로드 109 그곳에 다닥다닥 붙은 방들 곳곳은 검은 연기를 피워올리며 시뻘건 불길에 싸여 있다. 사람들이 몰려들고, 소방관들이 사나운 물줄기를 쏘아대고 있었지만, 온정이 있던 2층 방은 아궁이 속처럼 활활 타고 있었다. 그런데 참 이상한 일이다. 온정이 저는 어떻게 밖으로 나와 있는지 모르겠다.

그들, 사람들 속에서 초췌한 낯빛으로 발을 동동 구르고 있는 엄마가 보였다.

"온정아, 온정아~"

"엄마!"

"우리 딸이, 2층 저 안에 있어요. 혼자 있다고요. 제발 들여보내주세요~! 우리 딸 온정이한테 가야 해요."

온정이 얼른 엄마 곁으로 다가가 보지만 엄마는 온정일 알아보지 못했다.

"온정아~, 온정아~, 내 아가야~"

엄마는 온정일 옆에 두고도 알아보지 못한다. 목이 터지도록 온정이 이름을 부르기만 했다.

"엄마, 엄마, 나 여기 있어. 나야, 나, 온정이."

온정이는 엄마 옆에서 지금 엄마 옆에 온정이 있다고 말해보지만 엄마는 알지 못했다. 아니, 다른 사람 누구도 온정이 말을 알아듣지도 온정일 보지도 못했다.

"엄마아~! 엄마아~!"

온정인 그렇게 세상 밖으로 나가야만 했다.

이제 갓 열두 살. 세상에 태어나서 자기의 의지대로 걷고 말하고 생각한 지 얼마 되지도 않았는데 말이다.

몇 날이 지났다.

ROAD 109 인간케리어라 불리는 그곳에서 화재가 발생한 건, 전기난로가 넘어지면서 화재가 발생했다고 관계부처는 발표했습니다.

게다가 많은 방들에 비해서 출입구는 하나밖에 없었던 탓에 많은 인명피해가 생겼다고 합니다.

――――――――――――――――――――――――――― 중략

'이불 속에서 새우등을 하고 무서운 불길 속에서 숨을 거둔 초등 5학년인 열두 살, 온정이'

게다가 다 타고 남은 컵라면 박스며, 녹아내린 된장, 고추장 그리고 '밥은 차별이 없다'는 온정이 일기 내용은 여러 날 신문, 방송 곳곳에서 다루어졌다.

그러던 어느 날이었다.

얼굴이 터질 듯이 주름 하나 없는 팽팽한 얼굴로 어떤 정치인이 텔레비전에 나와서 말했다.

"그래도 학교 무상급식 때문에 아예 밥 굶는 아이가 없는 현실은 무엇보다 다행한 일입니다. 앞으로도 밥은 차별이 없어야 합니다."

온정 엄마는 텔레비전을 꺼버렸다.

'나쁜인 사람들의 세상.'

열린 창으로 하얀 눈꽃이 날아들었다. 바닥에 닿자마자 스르르 제 몸을 녹여내는 눈은 온정이 같았다. 엄마는 눈물 자국처럼 남은 눈으로 '온정이'라는 물글을 자꾸 썼다.

나무잎 나라 운동회

2019년 7월 15일 초판 1쇄 발행

엮은이   제주아동문학협회
회장   김정애

펴낸이   김영훈
편집   김지희
그림   한향선
디자인   부건영, 나무늘보
펴낸곳   한그루
          출판등록 제6510000251002008000003호
          제주특별자치도 제주시 복지로1길 21
          전화 064-723-7580   전송 064-753-7580
          전자우편 onetreebook@daum.net 누리방 onetreebook.com

ISBN 978-89-94474-84-7   73810

이 책은 문화체육관광부, 제주특별자치도, 제주문화예술재단의 기금을 지원받아 발간되었습니다.
잘못된 책은 구입하신 곳에서 교환해 드립니다.

이 도서의 국립중앙도서관 출판예정도서목록(CIP)은
서지정보유통지원시스템 홈페이지(http://seoji.go.kr)와
국가자료공동목록시스템(http://www.nl.go.kr/kolisnet)에서 이용하실 수 있습니다.
(CIP제어번호: CIP2019025517)

값 12,000원